JN236925

世界一わかりやすい！

FXチャート実践帳

スキャルピング編

41の練習問題と詳しい解説つき

二階堂重人

あさ出版

はじめに

「なぜ、やらないのか？　こんなおいしい話はないよ」

月に1回ある地元の飲み会の席で、ある知人が私に詰め寄りました。簡単に儲けられる金融商品があるのに、なぜやらないのか、ということでした。

「このご時世に高金利がもらえる。マーケットに落ちている金を毎日コツコツ拾い集めるようなものだ」

知人はそういうと、目の前のジョッキを空にし、満足げな顔をしていました。

知人がすすめたのはFXです。そういった取引があるということは、知人に教えられる前から知っていたのですが、株トレードが忙しくて、手を出していませんでした。

知人は、私が株のデイトレード（株を買って、その日のうちに売り、利ざやを稼ぐという取引）で稼いでいることを知り、同じようなことを始めました。しかし、うまくいかず、株のほかに儲けられる金融商品を探しているうちに、FXを知ったようです。

株のトレードで損をして、手持ちの資金が少なくなっていたのですが、レバレッジを高くし、大きなポジションを持つことで、たくさんの金利を得て、資金を大きく増やしました。

「働かなくても金が流れ込んでくる仕組みができた」

知人は会うたびに、そのようなことをいっていました。

その言葉に刺激されたわけではありませんが、私もFXを低レバレッジで始めました。高レバレッジで大きなポジションを持てば、それだけ多くの金利を得られるのですが、FXの仕組みを知れば知るほど、「大きなポジションを持つことはリスクの高いことだ」とわかったからです。

案の定、その知人はしばらくして大きな損失を出しました。やはり、

高レバレッジで大きなポジションを持ちつづけたことが原因です。現在、知人は「働かなくても金が流れ込んでくる仕組み」がなくなり、会社に勤めています。

　金利目当ての取引は地道ですが、楽しいです。インターネットで取引会社の口座にログインするのが日々の楽しみになります。口座の画面を見ると、各ポジションで得た金利の累計が表示されます。それが毎日のように増えていくわけです。

　楽しいのですが、私には向かないようです。

　私は根っからのトレーダーなのか、「値上がりしそうなときにしかポジションを持ちたくない。値下がりしそうになったらさっさと売りたい」、そんな気持ちが強いのです。値下がりしそうなときに持っているのは堪えられません。そのため、ポジションを持ちつづけて、毎日のように金利を得るという取引は向かないのです。

　さて、本書で紹介するのは、ＦＸの「スキャルピング」というトレードです。詳しくは本文で述べますが、簡単にいうと、超短時間でわずかな利幅を得るトレードです。私のような性格の人には向いているトレードです。１回のトレードで得られる利幅はわずかですが、レバレッジを高くすることや、トレードの回数を多くすることで、劇的に資金を増やすことができます。実際、ＦＸのスキャルピングで資産を大きく増やした人はたくさんいます。

　本書で紹介する手法を参考にして、スキャルピングをマスターしてください。

二階堂重人

目　次

はじめに ………………………………………………………………… 2

Chapter1
スキャルピングを始めよう

1　スキャルピングとはどのようなトレードなのか …………… 12
　　超短時間でわずかな値幅を取るトレード
　　数十秒で利益が出ることもある
　　わずかな値幅でも利益が出るのか

2　スキャルピングのメリット ……………………………………… 14
　　スキャルピングの4つのメリットと2つのデメリット
　　資金の回転が速い
　　利益が出そうなときだけポジションを持つことができる
　　持ち越しのリスクがない
　　利益を出すチャンスが多い
　　リアルタイムで相場状況を見ていなければならない
　　1回のトレードで得られる値幅が小さい

3　空いている時間にＦＸで稼ぐ ………………………………… 18
　　ＦＸなら仕事のある人でもスキャルピングができる
　　エントリーを焦らない

4　ＦＸでは2つの通貨を組み合わせて取引する ……………… 20
　　「米ドル／円」が1つの銘柄
　　スキャルピングに適した5つの通貨ペア

5　スプレッドはトレードのコスト ………………………………… 22
　　FXの2つのレート、BidとAskとはなにか？
　　スプレッドは通貨ペアによってことなる

6　取引会社を選ぶポイントはスプレッドの狭さ ……………… 24
　　どの通貨ペアをメインにトレードするかで得な会社が変わる
　　取引会社で口座を開設する

7	**ロングとショートで利益を出す** …………………………	*26*
	FXはレートが上がっても、下がっても利益を出せる	
	ロングとショートを使い分ける	
8	**スワップポイントは気にしない** …………………………	*28*
	スワップポイントで人気が出たFX	
	スワップポイントが発生する時間だけトレードしない	
9	**FXのスキャルピングに必要な資金はいくらか** …………	*30*
	トレードに必要な最低資金	
	資金が多いほど大きな利益を出しやすい	
	余裕のある資金でトレードをする	
10	**実力に合わせてレバレッジを上げていく** ………………	*32*
	高レバレッジがFXの魅力	
	トレードが上達するまでは低レバレッジで	
11	**スキャルピングの注文方法** ………………………………	*34*
	FXの注文方法	
	売りどきを逃さないスキャルピングでの注文方法	
12	**トレード終了時にポジションをどうするべきか** ………	*36*
	ポジションを持ち越す場合は逆指値注文を出す	

Chapter2

スキャルピングで使うテクニカル指標

1	**レートの動きが大きい状況でトレードをする** …………	*40*
	値動きが大きい状況で値幅を取る	
	レートが大きく動くのを待つ	
2	**ローソク足の見方を覚える** ………………………………	*42*
	よく使われるチャート	
	ローソク足を見れば4つの値段がわかる	
3	**スキャルピングに適しているチャート** …………………	*44*
	日足チャートはスキャルピングに適さない	

5分足チャートで細かな流れと大きな流れを捉える
- **4 5分足チャートを見るときのコツ** 46
  ローソク足の流れを大雑把に捉える
- **5 移動平均線（MA）でなにがわかるのか？** 48
  本書の手法では単純移動平均線を使う
  移動平均線の向きによって有利なポジションが変わる
  反転しやすいポイント
  20SMAを使う
- **6 ボリンジャーバンドを使う** 52
  ボリンジャーバンドとはなにか？
  センターバンドは20SMAと同じ
- **7 ボリンジャーバンドでレートの動きを見極める** 54
  ボリンジャーバンドを使う理由
  2σの幅でレートの動きの大きさがわかる
- **8 2σの幅でレートの動きを捉える** 57
  見た目だけではレートの動きを捉えきれない
- **9 ストキャスティクスを使う** 60
  ストキャスティクスとはなにか？
  本書の手法ではスローストキャスティクスを使う

Chapter3
エントリーのタイミングを決める条件

- **1 トレード戦略とエントリーの条件** 64
  3つのトレード戦略
  ロング・エントリーの条件
  ショート・エントリーの条件
- **2 押しと戻り、V字と逆V字** 68
  押しや戻りの形に注意する
  V字反転と逆V字反転の形に注意する

寄引同時線は陰線と同じに考える
　　　確定足とセンターバンドの位置関係に注意
3 ロング・エントリーの見極め方 ……………………………………… *72*
　　　V字が確定した次のローソク足の始値あたり
4 ショート・エントリーの見極め方 …………………………………… *74*
　　　逆V字が確定した次のローソク足の始値あたり
5 エントリーするタイミングの回数を増やす ………………… *76*
　　　6つの条件のどれかを緩くする
6 勝率が高い状況と低い状況を見極める ……………………… *78*
　　　見送りやロットを大きくする判断
　　　勝率の見極め方

Chapter4
スキャルピングの基礎力をつける25問

1 演習問題の解き方 ……………………………………………………… *84*
　　　エントリーのタイミングは言葉だけではつかめない
　　　チャートをたくさん見ることが最高の勉強法
　　　解き方のコツはチャートを時系列で見ること

Q01・A01 ……………… *87・88*　　*Q02・A02* ……………… *89・90*

Q03・A03 ……………… *91・92*　　*Q04・A04* ……………… *93・94*

Q05・A05 ……………… *95・96*　　*Q06・A06* ……………… *97・98*

Q07・A07 ……………… *99・100*　　*Q08・A08* ……………… *101・102*

Q09・A09 ……………… *103・104*　　*Q10・A10* ……………… *105・106*

Q11・A11 ……………… *107・108*　　*Q12・A12* ……………… *109・110*

Q13・A13 ……………… *111・112*　　*Q14・A14* ……………… *113・114*

Q15・A15 ……………… *115・116*　　*Q16・A16* ……………… *117・118*

Q17・A17 .... *119・120*　　*Q18・A18* .... *121・122*

Q19・A19 .... *123・124*　　*Q20・A20* .... *125・126*

Q21・A21 .... *127・128*　　*Q22・A22* .... *129・130*

Q23・A23 .... *131・132*　　*Q24・A24* .... *133・134*

Q25・A25 .... *135・136*

Chapter5
勝率を上げるタイミングの判断力が身につく8問

1　長い時間軸のチャートで勝率の高いタイミングを見極める *138*
　　　長い時間軸のチャートをサブとして使う
　　　長い時間軸でレートの方向を見極める
　　　多くのトレーダーが意識するポイントで勝率を見極める
　　　勝率が高い状況と低い状況
　　　なぜ直近の高値・安値に注意するのか
　　　長い時間軸のチャートを見るポイント

Q01・A01 .... *146・148*　　*Q02・A02* .... *150・152*

Q03・A03 .... *154・156*　　*Q04・A04* .... *158・160*

Q05・A05 .... *162・164*　　*Q06・A06* .... *166・168*

Q07・A07 .... *170・172*　　*Q08・A08* .... *174・176*

Chapter6
リスク管理力がしっかり身につく8問

1　「値動きは予測できない」ということを前提にする *180*

　　　　リーマン・ショックで外れた予測
2 リスク管理で資産を守る ……………………………………… *182*
　　　　損失額が膨らみつづける最悪の状況
　　　　資産を失わないためにやるべきこと
3 ナンピンとはどのような取引なのか ……………………… *184*
　　　　含み損が出たとき、ナンピンをする投資家が多い
　　　　ナンピンは建値の平均値を有利にできる
4 ナンピンのリスクを理解する ……………………………… *187*
　　　　ナンピンが裏目に出たらどうなるか？
　　　　大きな損失を出さないために、ナンピンはしないこと
5 含み損が出たポジションはロスカットする …………… *190*
　　　　ロスカットとはどのような取引なのか
　　　　勝っているトレーダーはロスカットが上手い
　　　　ロスカットはトレードの経費
6 ロスカットのタイミングを決めておく ………………… *192*
　　　　ロスカットのタイミングは自分で決める
　　　　6つのタイミングの決め方
　　　　トレードが上手くなるまでは値幅か金額でロスカット
7 トレードが上達したらやってみるロスカット ………… *195*
　　　　テクニカル指標でロスカットのタイミングを決める
　　　　チャートの形でロスカットのタイミングを決める

Q01・A01 …………… *199・200*　　*Q02・A02* …………… *201・202*

Q03・A03 …………… *203・204*　　*Q04・A04* …………… *205・206*

Q05・A05 …………… *207・208*　　*Q06・A06* …………… *209・210*

Q07・A07 …………… *211・212*　　*Q08・A08* …………… *213・214*

おわりに ……………………………………………………………… *215*

編集協力／野口英明
本文デザイン・図版／ガーシュイン
本文イラスト／ファクトリー・ウオーター

Chapter 1

スキャルピングを始めよう

1 スキャルピングとはどのようなトレードなのか

超短時間でわずかな値幅を取るトレード

　本書では、FXの「スキャルピング」というトレードを紹介します。

　FXとは外国為替証拠金取引のこと。簡単に述べると、為替（通貨ペア）の取引です。取引会社の口座に預けている資金を担保にして、為替の取引（売買）をします。

　取引のスタイルはさまざまです。スワップポイントという金利（25ページ参照）を得る目的で買った通貨ペアをずっと持ちつづけるというスタイルや、2～10日間程度のスパンで売買をするスタイルなどもあります。

　その中で、本書で紹介するのはスキャルピングというスタイルのトレードです。トレーダーの間では、「スキャ」や「スキャル」と略されることが多いです。

　「スキャルピングという言葉は聞いたことがない」

　そういった人もいることでしょう。たしかに、あまり馴染みのない言葉かもしれません。

　しかし、実際にこのトレードをしている人はたくさんいます。

　スキャルピングとは、「（頭皮を）薄く剥ぐ」という意味です。わずかな値幅（利幅）を取るトレードのことなのです。

　どのくらいの値幅を取るのか、ということは厳格に決まっているわけではありません。狙う値幅はトレーダーによってことなります。

　だいたい、数pips～数十pipsです（pipとは刻み値のこと）。

　たとえば、「米ドル／円」を85.50円で買って、85.55円で売る、というようなトレードです。

数十秒で利益が出ることもある

わずかな値幅を狙うので、すぐに希望するレートになることがあります。

たとえば、米ドル／円で5円（500pips）動くには、なにか大きな材料（レートを動かすようなニュースのこと）がないかぎり、かなり時間がかかります。しかし、米ドル／円で5銭（5pips）動くには、とくに材料がなくても、それほど時間がかかりません。

だから、買ってから数十秒後に売って利益を得る、ということもよくあります。

たいがいは、ポジションを建ててから数分でトレードを完結。長くても数十分で完結します。

わずかな値幅でも利益が出るのか

ここまでの説明を読んで、
「わずかな値幅でも利益が出るのか」
「利益が出たとしても、いくらにもならないのでは」
と思った人もいることでしょう。少し不安になった人もいると思います。

しかし、わずかな値幅でも利益は出ます。

これについては後ほど詳しく述べますが、ＦＸの場合、トレードにかかるコストが低いので、わずかな値幅でも利益が出るのです。

また、利益の額ですが、たしかにわずかな値幅では1回のトレードで得られる額は多くありません。

しかし、トレードの回数やレバレッジによって、1日に得られる利益を多くすることができます。

これについても、あとで詳しく説明します。

2 スキャルピングのメリット

スキャルピングの4つのメリットと2つのデメリット

　ＦＸのスキャルピングには、メリットが4つ、デメリットが2つあります。

スキャルピングのメリット
1．資金の回転が速い
2．利益が出そうなタイミングだけポジションを持つことができる
3．持ち越しのリスクがない
4．利益を出すチャンスが多い

スキャルピングのデメリット
1．リアルタイムで相場状況を見ていなければならない
2．1回のトレードで得られる値幅が小さい

資金の回転が速い

　1つめのメリットは「資金の回転が速い」です。
　トレードで資金を大きくするコツはどんどん回転させることです。
　たとえば、手持ちの資金が50万円だったとします。その50万円を55万円にする。その55万円を60万円に、60万円を65万円に……というようにトレードを繰り返し、資金を回転させていきます。
　つまり、複利で増やしていくということです。こうすることで、元金を大きく増やすことができます。
　一般的なトレードでは、取引1回のスパンが数ヵ月です。そのため、資金

の回転が遅くなります。しかし、スキャルピングはトレード1回のスパンが極めて短いので、資金の回転が速くなるのです。

利益が出そうなときだけポジションを持つことができる

2つめのメリットは「利益が出そうなときだけポジションを持つことができる」です。

一般的なトレードでは、ポジションを建てたらしばらく持ちつづけます。とうぜんですが、持っている間、レートが思惑と同じ方向に動きつづけるということはありません。

たとえば、値上がりを期待してポジションを建てたとします。なんらかの判断基準で、「レートがしばらく上がりそうもない」と思うときも売らずに持っているわけです。

しかし、スキャルピングでは「利益が出せそうだ」と思うときだけポジションを持ちます。

そして、「しばらく上がりそうもない」と思ったら、さっさと売ってしまいます。利益が出そうなときだけ、ポジションを持つというトレードができるわけです。

持ち越しのリスクがない

3つめのメリットは「持ち越しのリスクがない」です。

ポジションを継続して持ちつづけると、どうしてもレートが思惑と逆の方向に動くことがあります。

そういったときは、その取引での利益をあきらめ、ポジションを手放します。負けを認めて、損失分を清算するわけです。

しかし、それができないときもあります。

たとえば、週明けの取引開始時です。

週末の終値(最後についた値段)と大きく離れた値段で、取引が始まると

いうことがよくあります。週末の終値が85.85円で、翌週の取引開始の値段が85.35円というようなケースです。

このようなケースで、値上がりを期待したポジションを持っていたら、損失が出ます。

「85.55円まで下がったら、損失分を清算しよう」と思っていても、清算できません。

取引が継続されていれば、85.50円で売って清算することができますが、85.85円から85.35円に値が飛んでいるので、その間の値段では清算できないのです。

こういったリスクを、「持ち越しのリスク」といいます。

ポジションを継続して持つようなトレードでは持ち越しのリスクがありますが、スキャルピングでは基本的に取引終了時にポジションを手放すので、持ち越しのリスクはないわけです。

利益を出すチャンスが多い

4つめのメリットは「利益を出すチャンスが多い」です。

一般的なトレードは、狙う値幅が大きいので、利益を出すチャンスがかぎられています。

たとえば、1回のトレードで500pips以上の値幅を取るのは大変です。仮に、1週間つづけてトレードをしても、タイミングは多くありません。

しかし、スキャルピングは狙う値幅が小さいので、チャンスがたくさんあります。

1週間つづけてトレードをすれば、3〜15pipsくらいの値幅が取れるタイミングはけっこうあります。

そのため、利益を出すチャンスが多いのです。

リアルタイムで相場状況を見ていなければならない

　次は、スキャルピングのデメリットについて説明します。
　1つめのデメリットは「リアルタイムで相場状況を見ていなければならない」です。
　一般的なトレードでは、ポジションを建てたら、あとは数日に1回程度、時間があるときにでも、レートを確認すればいいでしょう（もちろん頻繁に確認したほうがよいです）。
　しかし、スキャルピングでは基本的に相場を継続して見ながらトレードをします。
　そのため、取引時間中に相場を見ることができないと、トレードができないのです。

1回のトレードで得られる値幅が小さい

　2つめのデメリットは「1回のトレードで得られる値幅が小さい」です。
　一般的なトレードでは、1回の取引で数百pipsの値幅を狙います。
　しかし、スキャルピングは1回のトレードで数pipsの値幅を狙うので、1回のトレードで得られる利益もそれほど多くありません。
　そのため、エントリー（ポジションを持つこと）回数を多くして、利益を積み重ねていかないと大きな利益を得られないわけです。

3 空いている時間にFXで稼ぐ

FXなら仕事のある人でもスキャルピングができる

　FXの大きな魅力の1つは、「24時間いつでもトレードができる」ということです。

　株のトレードの場合は、1日の中でトレードできる時間が決まっています。取引所が開いている時間しかできません。午前は9〜11時、午後は12時30分〜15時（大証は15時10分まで）。

　そのため、トレードがしたくても、できないという人がたくさんいます。会社に勤めているサラリーマンの方は無理でしょう。出勤前は取引がまだ始まっていないし、帰宅後はすでに終わっています。これではスパンの短いトレードはできません。

　しかし、FXならトレードができます。

　もちろん、1年365日いつでも取引ができるというわけではありません。取引がおこなわれていないときもあります。土曜日の早朝から翌週の月曜日の早朝までは取引がおこなわれていません。

　しかし、それ以外の時間は取引がおこなわれているので、空いている時間をトレードにあてることができます。

　サラリーマンの方は、出勤前に数十分間、または帰宅後に数時間、トレードができます。

　また、主婦の方やアルバイトをしている方も、1日の中で空いている時間を使ってトレードができるわけです。

　実際、このように空いている時間でトレードをして、利益を出している人はたくさんいます。

エントリーを焦らない

　空いている時間にトレードをする場合、「早くトレードをして利益を出したい」という思いが強くなります。

　かぎられた時間しかトレードできないので、その時間内になんとか利益を出したいという心理が働くのです。

　利益を追い求める気持ちは大切なのですが、強すぎるとかえってマイナスです。たいして勝率が高くないタイミングでも、ついエントリーしてしまい、その結果、大きな損失を出してしまうことがあります。

　そうならないためにも、焦らないでトレードをすること。

　「エントリーできるタイミングがあれば、トレードをする」という気持ちで、チャンスを待ちましょう。

　いいタイミングを待つことも、トレードのうちです。

図1-01　仕事が終わってからトレード

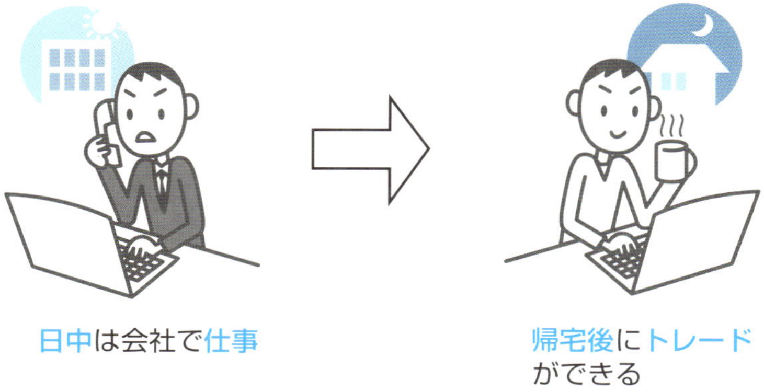

日中は会社で仕事　→　帰宅後にトレードができる

4 FXでは2つの通貨を組み合わせて取引する

「米ドル/円」が1つの銘柄

　スキャルピングがどのようなトレードかということは、なんとなく理解できたことと思います。

　ここからはFXについての基本的なことを説明します。

　まず、FXではなにを売買するのかについて説明しましょう。

　株のトレードでは株式を売買します。たとえば、トヨタ自動車やソフトバンクというように、上場している企業の銘柄を売買するわけです。

　FXのトレードで売買するのは通貨です。日本円や米ドルという通貨を売

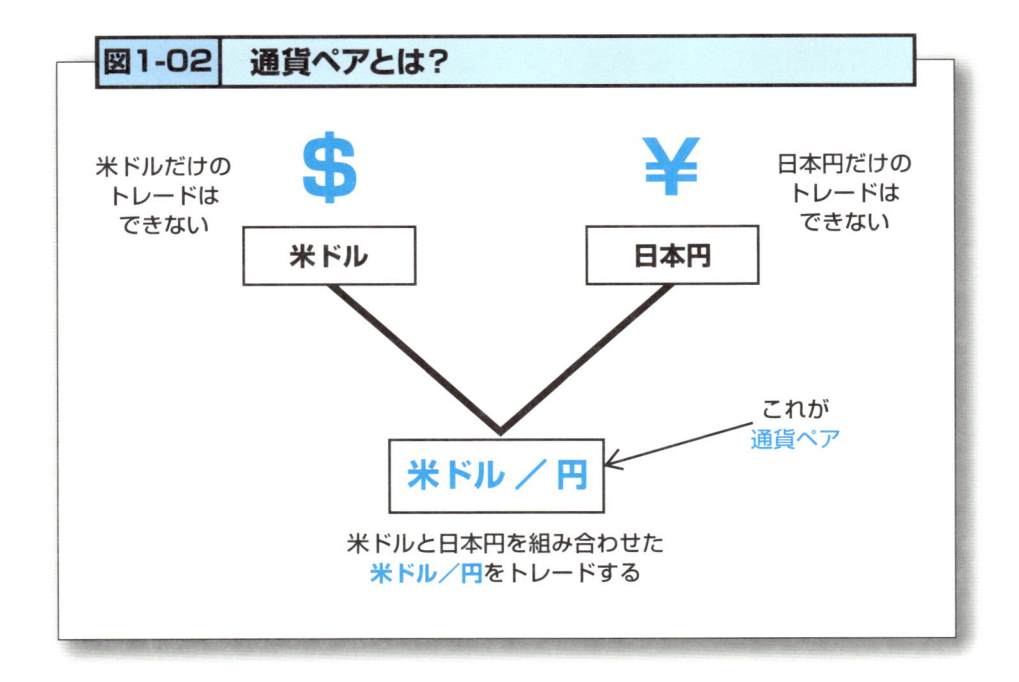

図1-02　通貨ペアとは？

米ドルだけのトレードはできない

$

米ドル

日本円だけのトレードはできない

¥

日本円

米ドル/円 ← これが通貨ペア

米ドルと日本円を組み合わせた**米ドル/円**をトレードする

買します。

　トレーダーがよく売買するのは、米ドル、ユーロ、円、ポンド、豪ドルの5通貨です。

　しかし、1国（1地域）の通貨だけを売買することはできません。

　たとえば、「米ドルだけを買いたい」「ユーロだけを買いたい」ということはできないのです。

　FXでは、2つの通貨をセットにした「通貨ペア」を売買します。この通貨ペアとは、株のトレードの銘柄にあたるものと考えてください。

　たとえば、「米ドル／円」なら、米ドルと円を組み合わせた銘柄です。これが1つの銘柄というわけです。

スキャルピングに適した5つの通貨ペア

　通貨ペアの数は取引会社によってことなります。

　30ペアしか取り扱っていない会社もあれば、100ペア以上も扱っている会社もあります。

　ところで、取引する通貨ペアは多いほどトレードが有利になる、そう思っている個人投資家の方がいるように思えます。

　しかし、私はそう考えていません。

　なぜなら、主要な通貨ペアを扱っていれば、それで十分だからです。つまり、主要な通貨ペアしかトレードしないということです。その理由については後ほど説明します。

　取引が多い通貨ペアは、米ドル／円、ユーロ／米ドル、ユーロ／円、ポンド／円です。そのほかでは豪ドル／円。

　スキャルピングでは、この5つのペアがあれば十分です。

5 スプレッドはトレードのコスト

FXの2つのレート、BidとAskとはなにか?

FXのレートは必ず2つのレートが表示されます。「Bid」と「Ask」です。

- **Bid……売値のこと。取引する人が売るときのレートです。**
- **Ask……買値のこと。取引する人が買うときのレートです。**

たとえば、ユーロ/円のレートを見たら、Bidが112.50円、Askが112.52円と表示されていたとします。

もし、ユーロ/円を買うのなら112.52円です。ユーロ/円を売るのなら112.50円です。

買値と売値がちがうということです。

スプレッドは通貨ペアによってことなる

この例では、BidとAskに2銭(0.02円)の差があります。開きです。この開きのことを「スプレッド」といいます。

このスプレッドはFXのトレードをするうえで、とても重要です。

なぜなら、スプレッドがトレードにかかるコストになるからです。トレードをする度にかかる経費と考えてよいでしょう。

スプレッドは通貨ペアによってことなります。

たとえば、米ドル/円は1銭、ユーロ/円は2銭というようにちがうわけです。

また、スプレッドは取引会社によって差があります。同じ通貨ペアでも、

図1-03 スプレッドとはなにか？

Bid 112.50円   **Ask 112.52円**

BidとAskの差額
＝
スプレッド

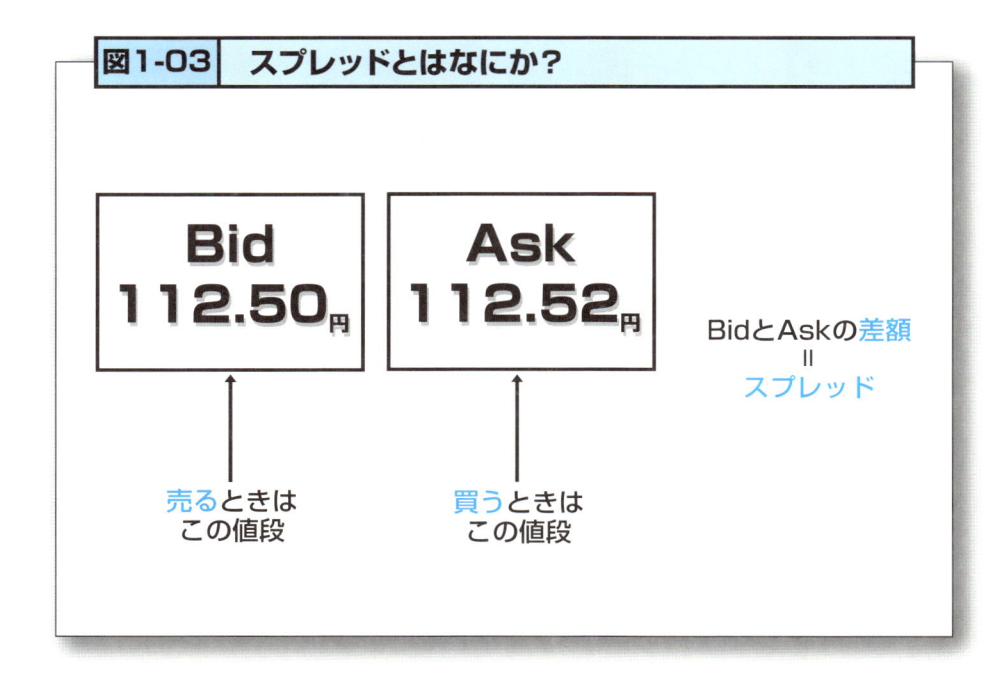

売るときは この値段   買うときは この値段

A社は1銭、B社は2銭というようにちがうわけです。

　スプレッドじたいは、たいした額ではありません。たいがいの通貨ペアは数銭（数pips）です。

　しかし、その額を気にしないというわけにはいきません。

　たかが1銭だとしても、何回もトレードしたり、レバレッジをかけて大きなロットでトレードすれば、かなりの額になります。

　とくに、スキャルピングの場合、トレードの回数が多いので、スプレッドが大きな負担になります。

　ですから、トレードする通貨ペアのスプレッドにも、こだわるべきです。

　先ほど、「主要な通貨ペアしかトレードしない」と述べました。あの5つの通貨ペアはスプレッドが狭いのです。

　そのため、コストの負担が比較的小さいので、スキャルピングに適しているというわけです。

6 取引会社を選ぶポイントは スプレッドの狭さ

どの通貨ペアをメインにトレードするかで得な会社が変わる

次に、取引会社について説明します。

ネットで検索してみるとわかりますが、FXの取引会社はたくさんあります。その中から、どの取引会社を選べばよいのか、初心者ならとうぜん迷うことでしょう。

中には、「口座を開設するとキャッシュバック」というようなキャンペーンをしている取引会社もあります。そういったところを選ぶ人もいることでしょう。

しかし、取引会社を選ぶポイントは売買にかかるコストです。このコストが低いところを選びます。

売買にかかるコストは、売買手数料とスプレッドです。

売買手数料は、有料のところと無料のところがあります。ほとんどの会社が無料です。はじめは無料の取引会社を選びましょう。

スプレッドについては、なるべく狭い取引会社を選びます。

先述のとおり、スプレッドは取引会社によってことなります。

たとえば、米ドル／円でも、A社は1銭で、B社は2銭ということがよくあります。

とうぜん、スプレッドが狭い会社のほうが得です。

また、通貨ペアによって得な会社がちがってきます。

たとえば、A社は米ドル／円は狭いがユーロ／円は広い、B社は米ドル／円は広いがユーロ／円は狭い、というように通貨ペアによっても、スプレッドがちがうのです。

そのため、自分がどの通貨ペアをメインにトレードするのかによって、得

な会社がちがってくるのです。

　自分のトレードをよく考えて、どの取引会社を利用するのがもっとも得なのか（コストが低いのか）、検討してください。

取引会社で口座を開設する

　FXのトレードをするには、取引会社に口座を開設する必要があります。取引会社に口座を開設し、指定された銀行口座に資金を送金すれば、トレードができます。

　口座開設までの流れは取引会社によって少しちがいますが、おおむね以下のとおりです。

１．取引会社のウェブサイトにある「口座開設」のページを開く
２．必要事項（氏名や住所、職業など）を入力
３．取引会社から「口座開設申請書」が送られてくる
４．申請書に押印し、身分証明書のコピーを同封して取引会社に送る
５．審査
６．口座開設

　申し込みから開設までにかかる日数は早くて数日。通常は遅くても２週間くらいで開設されます。

　最近では開設までの日数を短縮するために、インターネットで申請したあと、すぐに身分証明書のコピーをファックスやメールで受け付ける取引会社もあります。

7 ロングとショートで利益を出す

FXはレートが上がっても、下がっても利益を出せる

　ここで、FXのトレードで利益が出る仕組みについて説明します。
　FXはレートが上がらないと利益が出ない、そう思っている人がいます。これは間違いです。
　FXは、レートが上がると利益が出る取引と、レートが下がると利益が出る取引の2通りあります。
　レートが上がると利益が出るのはロング、レートが下がると利益が出るのはショートです。

- **ロング……買い、または買い建てのこと**
- **ショート……売り、または売り建てのこと**

　ロングはレートが上がると利益が出ますが、逆にレートが下がると損失が出ます。
　たとえば、米ドル／円を85円でロングのポジションを建てたとしましょう。85.01円以上になれば利益が出て、84.99円以下になれば損失が出るわけです。
　「ロングは値上がりすれば儲かり、値下がりすれば損をする」と覚えてください。
　ショートはレートが下がると利益が出ます。逆にレートが上がると損失が出ます。
　たとえば、米ドル／円を85円でショートのポジションを建てたとしましょう。84.99円以下になれば利益が出て、85.01円以上になれば損失が出るわけです。

「ショートは値下がりすると儲かり、値上がりすると損をする」と覚えておきましょう。

ロングとショートを使い分ける

トレーダーは、ロングかショートのどちらかを選択し、注文を出すわけです。

どちらを選択するかは、もちろん、レートの値上がりを狙うか、レートの値下がりを狙うか、で決めます。

値上がりすると思えばロング、値下がりすると思えばショートを選択するわけです。

ロングとショートを使い分けることで、利益を出せるチャンスが増えます。

上昇している相場でも、下降している相場でも、レートの動きがある程度あれば、利益を出すことが可能になるわけです。

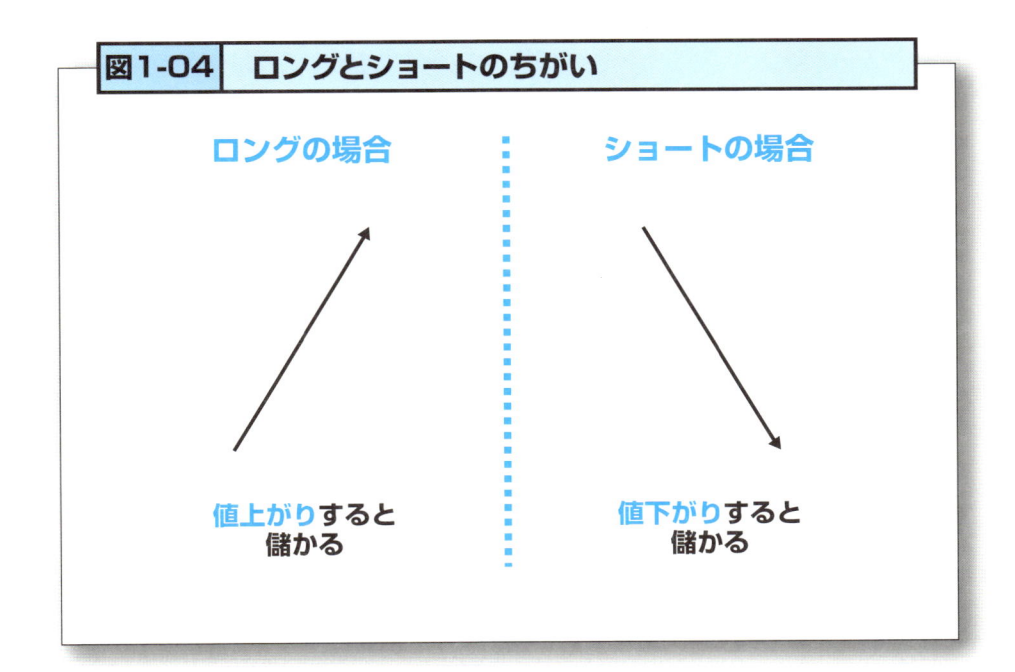

図1-04　ロングとショートのちがい

ロングの場合
値上がりすると儲かる

ショートの場合
値下がりすると儲かる

8 スワップポイントは気にしない

スワップポイントで人気が出たFX

　FXのそのほかの特徴としては、「スワップポイント」というものがあります。
　スワップポイントとは、ポジションを建てることで発生する金利のことです。
　通常は、「金利の高い通貨と金利の低い通貨を組み合わせた通貨ペアを買い建てると、金利を得られる」ということです。
　たとえば、金利が高い豪ドルと金利が低い日本円を組み合わせた「豪ドル／円」を買い建てたとします。
　すると、スワップポイントを得られるわけです。
　逆に、このような通貨ペアを売り建てると、スワップポイントを支払うことになります。
　FXの人気が加熱したのは、このスワップポイントが得られるからです。
　金利の額は1万通貨で1日あたり1〜数十円。
　たいした額ではありませんが、ポジションを建てているかぎり継続して得られます。
　また、ポジションを大きくすることで得られる額が大きくなります。
　かつてはレバレッジの規制がなかったので、スワップポイントを得るために数百倍という高レバレッジでポジションを建てていた人が多かったようです。
　こうすることで、資金に対して高パフォーマンスを上げることができました。そのため、FXの人気が出たわけです。

スワップポイントが発生する時間だけトレードしない

　ＦＸのトレードをするうえでスワップポイントは気になります。
　先述のとおり、支払うケースがあるからです。
　たとえば、豪ドル／円を売り建てていたら、スワップポイントを支払いつづけなければなりません。
　これはけっこう厳しいです。実際に経験がある人ならわかると思います。はじめのうちは「このくらいの金利ならたいしたことない」と思っているのですが、ジワジワと効いてきます。そのうち、「ポジションを早く決済しないと」と焦ってきます。
　なにしろ、毎日のように口座の金額が減っていくのですから、かなり辛いです。
　だから、トレードをするときはスワップポイントに気を配らないといけないわけです。
　しかし、スキャルピングにかぎっては、その必要はないでしょう。
　なぜなら、ポジションを建てているスパンが極めて短いからです。
　スワップポイントは１日のうちの決められた時間に建てているポジションによって、発生します。
　たとえば、７時と決まっていたら、７時の時点でポジションを建てていれば得られる（または支払う）ことになります。
　スキャルピングではその時間だけトレードをしなければよいのです。
　仮に、その時間を忘れていてスワップポイントを支払うことになったとしても、よほど大きなポジションを建てていないかぎり、たいした金額ではありません。
　そのため、あまり気にしなくてよいでしょう。

9 FXのスキャルピングに必要な資金はいくらか

トレードに必要な最低資金

「FXでスキャルピングをするには、いくらあればよいのか」
こういった疑問を持った人もいることでしょう。
先述のとおり、FXでは最大で25倍のレバレッジをかけることができます。そのため、少ない資金で始めることができます。これはメリットの1つだと説明しました。
では、具体的にいくらくらい必要なのでしょうか。
1万通貨のトレードなら、5万円あればできます。しかし、もう少し余裕を持って、最低10万円の資金があればいいでしょう。

資金が多いほど大きな利益を出しやすい

もちろん、資金が少ないとロットが小さいので、1回のトレードで得られる利益は少なくなります。
スキャルピングの場合、1回のトレードで得られる値幅が小さいので、ふつうはロットを大きくします。
しかし、資金が少ないとロットを大きくできないので、利益も少なくなるわけです。
たとえば、利幅が10pipsの場合、1万通貨のポジションだったら1000円の利益しかでませんが、10万通貨だと1万円の利益が出ます（手数料や税金が引かれるので、実際の利益はもっと少なくなります）。
大きなロットで大きな利益を狙うなら、最低50〜100万円は必要でしょう。
50万円あれば、相当のロットで買うことができます。

もし、専業トレーダーになるのなら、最低でも300万円は必要でしょう。100万円くらいの資金で専業の人もいますが、この額で生計を立てていくのは大変です。

もちろん、実力があれば、じゅうぶん可能ですが。

余裕のある資金でトレードをする

資金は多いほうがよいのですが、無理に捻出するのはやめましょう。

とくに、生活費をトレードの資金として使うのは絶対にやめるべきです。

まして、金利がつくような借りた金をトレードの資金として使うなど、もってのほかです。

なにかに使うはずの金や借りた金でトレードをしていると、「絶対に資金を増やさなければ」とか「絶対に負けられない」というプレッシャーが強くかかります。

そのため、あまりいいタイミングでなくても無理にエントリーしたり、必要以上に大きなロットでエントリーしたりします。冷静なトレードができなくなるのです。

また、負けがつづいたときに、リスクを取ることができなくなります。「なくなったら困る」という気持ちが強くなるからです。トレードでは、リスクを取りながら、リターンを狙います。

ですから、リスクを取れなくなるということは、リターンを取れなくなるということです。

こういったトレードに陥らないためにも、必ず余裕のある資金でやりましょう。

10 実力に合わせてレバレッジを上げていく

高レバレッジがFXの魅力

　FXの魅力の1つは「高レバレッジ」です。高いレバレッジでの取引が可能ということです。

　レバレッジとは「テコの原理」のこと。口座の資金を担保にして、その額の何倍もの取引ができます。

　数年前まではレバレッジに規制がありませんでした。

　そのため、100倍は当たり前。200倍、400倍というようなレバレッジで取引ができました。

図1-05　レバレッジとはなにか？

レバレッジは **25倍**まで

口座の資金を担保に大きな額の取引ができる

しかし、現在では規制により、レバレッジの制限が設けられています。2011年8月からは、25倍が上限になります。

以前のレバレッジを知っている人は、「ずいぶん低い」と思うことでしょう。たしかに、以前に比べるとかなり低くなりました。

しかし、これでも高いほうです。

株のトレードでも信用取引によって、レバレッジをかけた取引ができます。その倍率は約3倍。この低いレバレッジでも大きな利益を出すことが可能です。

この倍率に比べたら、ＦＸの25倍というのは、とんでもない数字だといえます。

トレードが上達するまでは低レバレッジで

ＦＸのレバレッジは25倍ですが、これは絶対に25倍のレバレッジでトレードしなければならない、というわけではありません。1倍でもかまわないのです。

そのことがわからずに、高レバレッジでトレードをして、大きな損失を出した人もいます。

高レバレッジでのトレードは、大きな利益を出すことがありますが、逆に大きな損失を出してしまうこともあるのです。

そのため、トレードが上手な人は高レバレッジでどんどん資金が増えていきますが、トレードが下手な人は高レバレッジでどんどん資金が減っていきます。

このことをよく理解しておくことが大切です。

ですから、ＦＸの初心者は、低レバレッジからトレードを始めましょう。そして、トレードが上達するにつれて、徐々にレバレッジを高くしていきましょう。

11 スキャルピングの注文方法

FXの注文方法

エントリーのタイミングを見極めたら、注文を出します。

注文の出し方は取引会社によってことなりますが、ほとんどの場合、入力画面に以下の内容を入力して注文を出します。

- **通貨ペアの選択**
- **ロングまたはショートの選択**
- **ロット**
- **成行か指値を選択**
- **指値の場合は値段**

まずは通貨ペアを選択します。「米ドル／円」や「ユーロ／米ドル」というように取引したい通貨ペアを選択するのです。

次にロングまたはショートの選択をします。買いたい場合はロングを、売りたい場合はショートを選択してください。

次にロットを入力します。これは「1万通貨」「10万通貨」というように取引したい数を入力してください。

次に、成行か指値のどちらかを選択します。

成行とは取引の値段を指定しない注文。「いくらでもいいから買いたい」「いくらでもいいから売りたい」という注文です。

指値とは取引の値段を指定する注文。たとえば、「83.50円で買いたい」「116.10円で売りたい」というように、値段を決めて出します。

最後に、指値の場合は値段を決めます。「83.55円で買いたければ、83.55」

「116.10円で売りたければ、116.10」というように数字（値段）を入力します。

あとは「確認」をクリックすれば注文が出ます。

売りどきを逃さないスキャルピングでの注文方法

私の場合、エントリーのときは指値注文で出しています。

イグジット（ポジションを決済すること）のときは、成行で出す場合とOCO注文で出す場合があります。

OCO注文は同時に2つの注文を出すことができ、一方が約定すると、もう一方は自動的にキャンセルされます。

エントリー後、すぐにレートが動いてイグジットするようなときは成行注文で出します。

注文画面を開き、いつでも注文を出せるような状態でかまえておき、レートが動いたら素早く注文を出すのです。

エントリー後、レートの動きが鈍く、すぐにイグジットしないようなときはOCO注文を出しておきます。

OCO注文は利食いとロスカット（損失を確定させること）の両方で注文を出せます。現在のレートの上下、どちらにも指値注文が出せるのです。

たとえば、ロングのポジションを持っていて、現在のレートが85円だったとします。

「86円まで上がったら売り」という注文と、「84円まで下がったら売り」という注文の両方を出すことができるのです（通常は、現在のレートよりも上だけにしか指値注文を出せません）。

この注文を出しておけば、売りどきを逃すことがなくなります。

レートは極めて短い時間だけ大きく動くことがあります。

たとえば、8pips上がって、5秒後に元のレートに下がるというようなことがあるのです。そのため、レートが動いたのを見て注文を出しても間に合わないことがあります。

しかし、OCO注文を出しておけば、瞬間的な動きにも対応できるわけです。

12 トレード終了時にポジションをどうするべきか

ポジションを持ち越す場合は逆指値注文を出す

　先述のとおり、FXは週末以外なら24時間いつでもトレードができます。株式市場のように日々の区切りがありません。

　しかし、寝ないでトレードする人はいないわけですから、どこかで区切りをつけることでしょう。

　私の場合は7〜21時と決めています。

　経済指標が発表されるときは深夜遅くまでトレードすることもありますが、たいがいは21時前後のキリのいいところで、その日のトレードを終えるようにしています。

　読者の方もだいたいのトレード時間を決めておいたほうがいいでしょう。生活のリズムを崩さないようにしたほうが長つづきするはずです。

　その日のトレードを終えるとき、ポジションを持っていることがあります。そういった場合はどうするか決めておきましょう。

　スキャルピングの場合、たいがいはポジションを持っている時間が短いのですが、必ずそうだとはいえません。ポジションを持ったまま、自分で決めたトレードの終了時間がくることもあります。

　その場合、ポジションをどうするのか、というルールを決めておく必要があります。

　選択肢は以下の3つです。

1. **そのままにして持ちつづける**
2. **決済してポジションをなくす**
3. **決済の指値注文を出しておく**

１つめは、「そのままにして持ちつづける」です。

　なにもしません。「明日、ポジションに大きな含み益が出ていればいいな。口座にログインして残高を見るときが楽しみだ」というように甘い考えをいだきながら、ポジションをそのままにしてログアウトします。

　それで思惑どおりに大きな含み益が出ることもあるでしょう。しかし、逆に大きな含み損が出ることもあるわけです。

　みなさんは絶対にこのようなことをしないように。

　２つめは、「決済してポジションをなくす」です。

　トレードの終了時間がきたら、含み益が出ていても含み損が出ていても決済する。そして、トレード終了時間後は手持ちのポジションがない状態にするということです。

　これならば、トレード時間終了後にレートが大きく動いても損をすることはありません。

　私はほとんどの場合、スキャルピングやデイトレードのポジションはトレード終了時間前に決済するようにしています。ただし、そこそこの含み損が出ている場合は、決済しないで、このあとに説明する逆指値注文を出しておくようにしています。

　３つめは、「逆指値注文を出しておく」です。

　逆指値注文とは、買いの場合は現在のレートよりも下の値段に出せて、売りの場合は現在のレートよりも上の値段に出せる指値注文のこと。

　たとえば、ロングのポジションを持っていて、現在のレートが95円だとします。

　ふつうの指値は、「93円になった時点で売り」というような注文は出せません。「93円で売り」という注文は出せますが、現在のレートよりもかなり下の値段なので、93円になった時点ではなく、すぐに約定してしまうはずです。

　しかし、逆指値注文は、「レートがいくらまで下がったら売り」という指値注文が出せるのです。

　ショートのポジションを持っている場合は、「98円になったら買い」とい

うように、「レートがいくらまで上がったら買い」というようなに指値注文が出せるのです。

　この注文を出しておくことで、リスクを限定することができます。

　たとえば、「レート1円分のリスクに留めたい」というように、自分の受け入れられる範囲でリスクを取れるのです。

　ただし、絶対に逆指値注文の値段で決済できるとはかぎりません。経済指標の発表やマーケットの突発的な材料（レートを動かすニュース）によって、レートが瞬間的に飛ぶことがあります。

　その場合は指値の値段を飛び越えた値段で約定することがあるので注意してください。

Chapter 2
スキャルピングで使う テクニカル指標

1 レートの動きが大きい状況でトレードをする

値動きが大きい状況で値幅を取る

　FXは週末以外なら24時間いつでもトレードが可能です。

　しかし、いつでもトレードのチャンス（いいタイミング）があるというわけではありません。

　利益を出しやすいときと、利益を出しにくいときがあります。

　スキャルピングで利益を出しやすいのは、「レートの動きが大きいとき」です。レートの動きが小さいときは利益を出しにくいのです。

　「スキャルピングはわずかな値幅を狙うトレードだから、レートの動きが小さくても利益を出せるのでは」

　そう思った人もいることでしょう。

　たしかに、スキャルピングはわずかな値幅を狙うトレードなので、レートが少し動けば利益を出すことができますが、利益を得やすいとはかぎりません。

　たとえば、10pipsしか値動きがない状況で5pipsの値幅を得るのはかなり難しいのです。

　しかし、100pipsの値動きがある状況で5pipsの値幅を得るのはそれほど難しいことではありません。少なくとも、10pipsしか動かない状況よりは、利益を得やすいでしょう。

レートが大きく動くのを待つ

　スキャルピングにかぎらず、短いスパンのトレードでは値動きのよい状況でトレードすることが勝つコツです。そのため、レートが大きく動いている通貨ペアを探すか、レートの動きが大きくなるのを待ってトレードをします。

- **レートが大きく動いている通貨ペアを探す**
- **レートが大きく動くのを待つ**

　トレード候補の通貨ペアがいくつかある場合は、その中からレートが大きく動いているものを選んでトレードをします。

　大きく動いている通貨ペアがない場合は、レートが大きく動くのを待ちます。そして、動きだしてからトレードをするわけです。

　レートが大きく動いているのか、エントリーのタイミングはいつなのか、ということを判断するのには、テクニカル指標を使います。

　テクニカル指標とは、過去の値動きをもとに、現在のレートの水準を判断し、今後の値動きを分析するためにつくられた指標のこと。

　Chapter2では、本書の手法で使うテクニカル指標について解説していきます。

2 ローソク足の見方を覚える

よく使われるチャート

　本書で紹介するスキャルピングの手法では、チャートを使います。
　チャートとは値動きを表したグラフのこと。
　チャートを見ることで、現在に至るまでのレートの動きを知ることができます。また、その動きをもとに今後どのような動きをする可能性があるかということもわかります。
　チャートにはいくつか種類があります。主なチャートは「ラインチャート」「バーチャート」「ローソク足チャート」の3つです。
　海外ではラインチャートやバーチャートを使う投資家が多いですが、国内ではローソク足チャートを使う投資家が圧倒的に多いです。
　本書の手法でも、ローソク足チャートを使います。

ローソク足を見れば4つの値段がわかる

　ここでローソク足チャートの見方について説明します。
　1本のローソク足で表されるのは「4本値」です。

- **始値……はじめについた値段**
- **高値……もっとも高い値段**
- **安値……もっとも低い値段**
- **終値……最後についた値段**

　つまり、ローソク足を見れば、始値、高値、安値、終値の4つの値段がわ

かるわけです。

　ラインチャートの場合、通常は終値だけを線で結んでいきます。そのため、終値しかわかりません。それに比べると、ローソク足は細かな値動きまでわかるわけです。

　また、ローソク足は「陽線」と「陰線」の2種類の線があります。

　これは始値に対して終値が高かったか低かったかによって、描き分けることになっています。

- **陽線……始値よりも終値のほうが高い**
- **陰線……始値よりも終値のほうが低い**

　ちなみに、始値から終値までの部分を「実体」といいます。後ほど、手法の説明のところで出てきますので、必ず頭に入れておいてください。

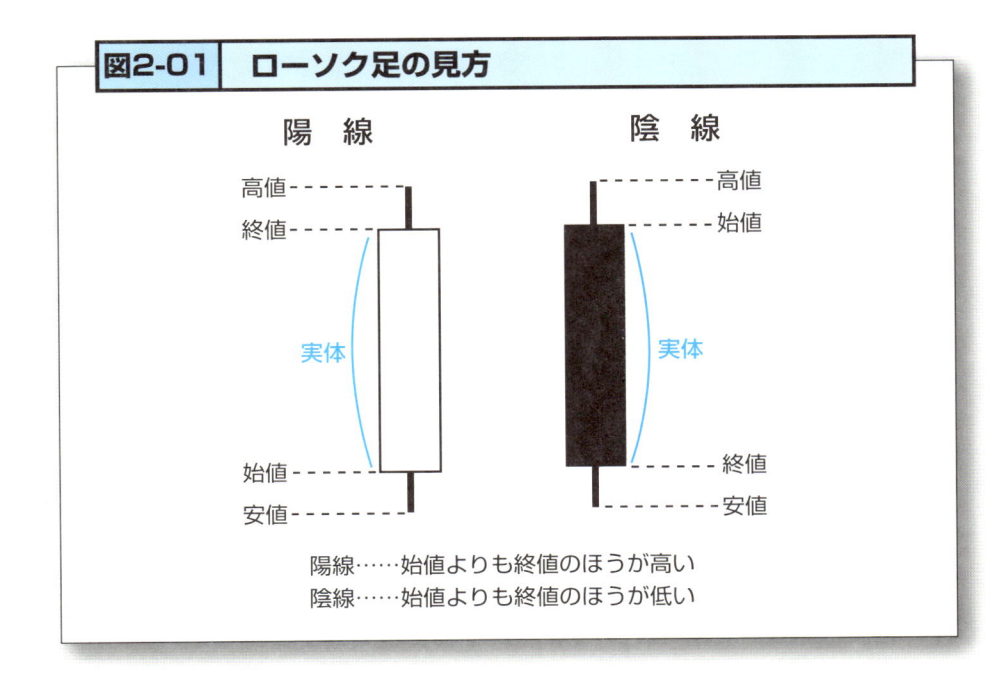

図2-01　ローソク足の見方

陽　線　　　　陰　線

高値／終値／実体／始値／安値　　　高値／始値／実体／終値／安値

陽線……始値よりも終値のほうが高い
陰線……始値よりも終値のほうが低い

3 スキャルピングに適しているチャート

日足チャートはスキャルピングに適さない

　ローソク足チャートは時間軸によっていくつかの種類があります。

　代表的なのは「日足チャート」です。これは1日分の値動きを1本のローソク足で表したもの。

　この日足は多くの投資家によく使われているのですが、スキャルピングに向いているとはいえません。

　1日分の値動きでは大雑把すぎて、エントリーのタイミングを見極めにくいのです。

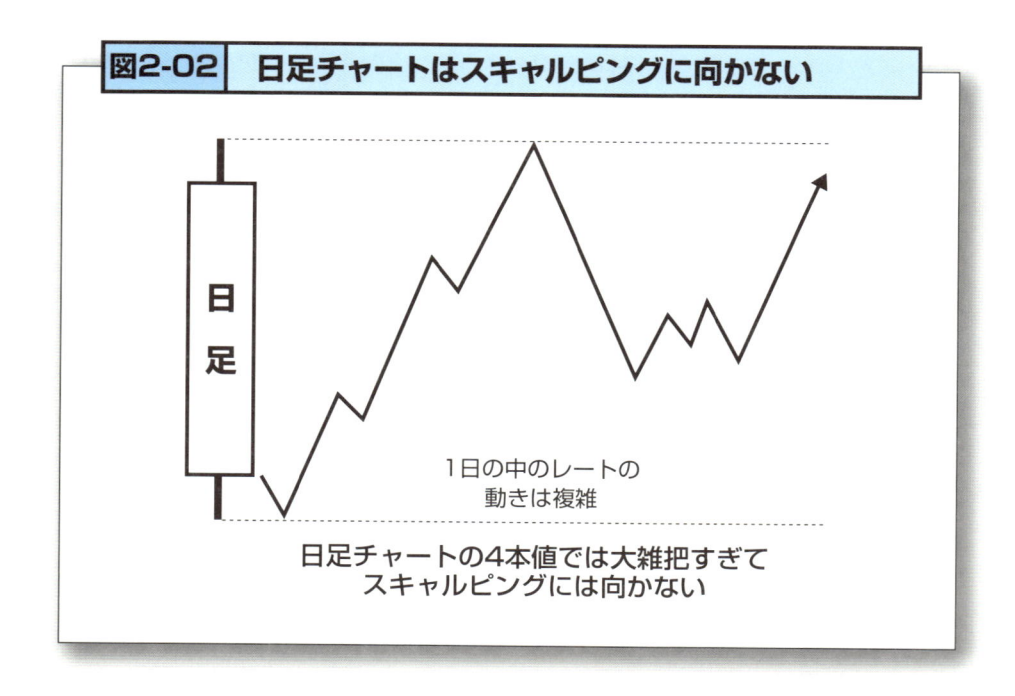

図2-02　日足チャートはスキャルピングに向かない

1日の中のレートの動きは複雑

日足チャートの4本値では大雑把すぎてスキャルピングには向かない

そのため、日足チャートよりも、もう少し細かく値動きを捉えたチャートを使います。

5分足チャートで細かな流れと大きな流れを捉える

スキャルピングでよく使われるチャートは以下の２つです。

- **１分足チャート……ローソク足１本で１分間の４本値を表したチャート**
- **５分足チャート……ローソク足１本で５分間の４本値を表したチャート**

１分足チャートは１分ごとの４本値を表しているので、値動きを細かく捉えることができます。

５分足チャートは５分ごとの４本値を表しているので、１分足よりは大まかです。

しかし、それでも細かな値動きを捉えることができます。

スキャルピングをしているトレーダーの多くは、このどちらかをメインにしています。

私の場合、１分足チャートでは細かすぎて、大きなトレンドを見極めにくいので、もう少し時間軸の長い５分足を使っています。こちらのほうが大きな流れを捉えやすいのです。

本書の手法では大きな流れを重視するため、５分足チャートを使います。

4 5分足チャートを見るときのコツ

ローソク足の流れを大雑把に捉える

ここで、5分足チャートの見方について説明します。
下のチャートを見てください。
これは米ドル／円の5分足チャートです。
縦軸はレート、横軸は時間を示しています。
　国内の取引会社が提供しているチャートソフトの場合、横軸は国内の時間（日本時間）が表示されています。しかし、海外のチャートソフトの場合、横軸には現地の時間が表示されていることもあるので、注意してください。

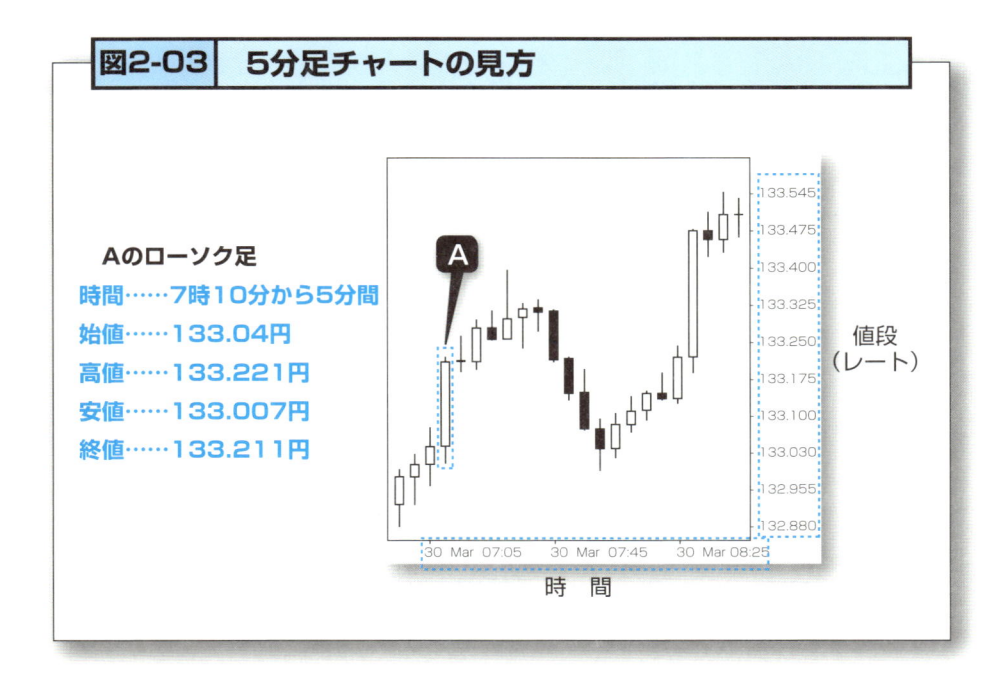

図2-03　5分足チャートの見方

Aのローソク足
時間……7時10分から5分間
始値……133.04円
高値……133.221円
安値……133.007円
終値……133.211円

チャートのローソク足は、1本が5分間の値動き（始値、高値、安値、終値）を表しています。

たとえば、Aのローソク足の場合は以下のとおりです。

時間……7時10分から5分間
始値……133.04円
高値……133.221円
安値……133.007円
終値……133.211円

このように、1本のローソク足を見ただけで、この5分間のレートの動きがわかるのです。

ただし、チャートに掲載されているローソク足すべての4本値を把握するわけではありません。

ほとんどの場合、4本値を把握しません。エントリーする直前に終値だけを把握するという程度です。

ふだんは、ローソク足の流れを大雑把に見てから、時系列に（左側から）見ていきます。

1本ずつ丁寧に見るよりも、大雑把に見たほうが、レートの流れがよくわかります。

そして、エントリーのタイミングがきそうになったら、数本ずつまとめるようにして見ています。

5 移動平均線（MA）でなにがわかるのか？

本書の手法では単純移動平均線を使う

　本書の手法では、いくつかのテクニカル指標を使います。その1つは移動平均線です。

　移動平均線とは、一定期間の終値の平均値をつないだ線のこと。

　テクニカル指標の中ではかなりメジャーな指標なので、すでに使っている人も多いことでしょう。

　FXのトレードでは、主に2種類の移動平均線が使われます。

- SMA……単純移動平均線のこと。
- EMA……指数移動平均線のこと。

　この2種類の移動平均線は、ほとんど同じような動きをしますが、EMAのほうが現在のレートの動きに近い動きをします。レートに対しての反応が早いということです。

　本書の手法ではSMAのほうを使います。

移動平均線の向きによって有利なポジションが変わる

　移動平均線を見ることでいくつかのことがわかります。

1．レートの大きな流れ
2．反転しやすいポイント

移動平均線の向きや、レートと移動平均線の位置関係を見ることで、上昇傾向か下降傾向かがわかります。

- **移動平均線が上向き……レートは上昇傾向**
- **移動平均線が下向き……レートは下降傾向**
- **レートが移動平均線の上にある……レートは上昇傾向**
- **レートが移動平均線の下にある……レートは下降傾向**

移動平均線が上向きのときは上昇傾向なので、ロングでエントリーしたほうが勝率が高くなります。移動平均線が下向きのときは下降傾向なので、ショートでエントリーしたほうが勝率が高くなります。

移動平均線の向きによって、有利なポジションがちがってくるわけです。

そのため、移動平均線でレートの流れをしっかり見極めることが大切です。

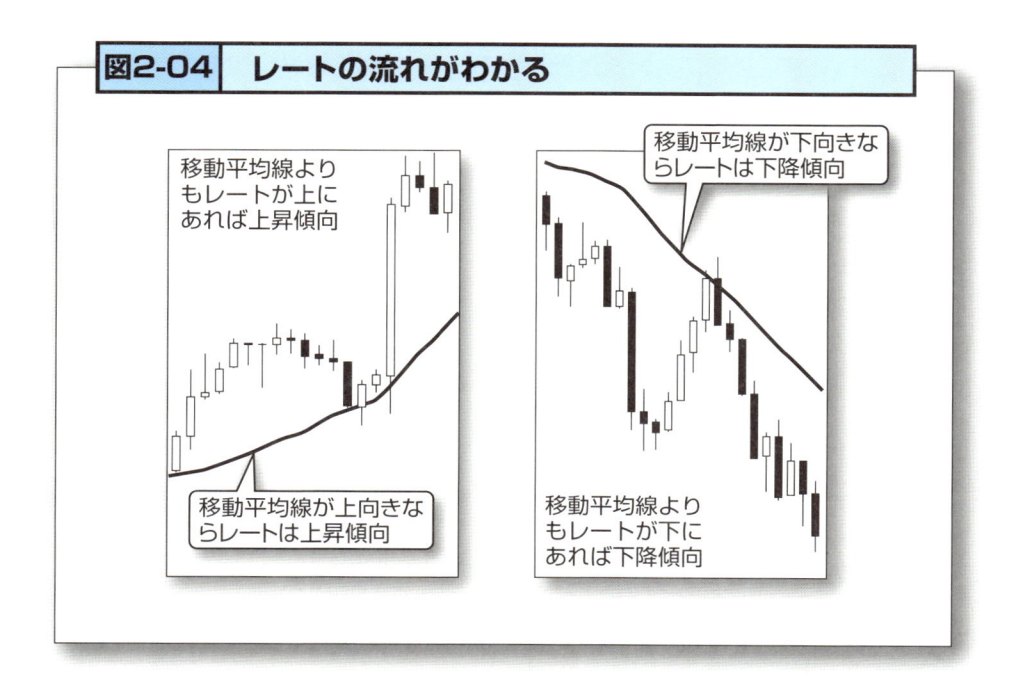

図2-04　レートの流れがわかる

移動平均線よりもレートが上にあれば上昇傾向

移動平均線が上向きならレートは上昇傾向

移動平均線が下向きならレートは下降傾向

移動平均線よりもレートが下にあれば下降傾向

反転しやすいポイント

　また、移動平均線を見ることによって、レートが反転しやすいポイントがわかります。

　移動平均線は多くのトレーダーが意識しているため、その近辺ではレートが反転しやすいのです。

　たとえば、「上昇したあとに下降したレートが、移動平均線のところで反発」「下降したあとに上昇したレートが、移動平均線のところで反落」ということはよくあります。とうぜん、エントリーのタイミングの見極めに使えます。

　つまり、レートと移動平均線をよく見ていれば、大きな流れもわかるし、エントリーのタイミングもわかるということです。

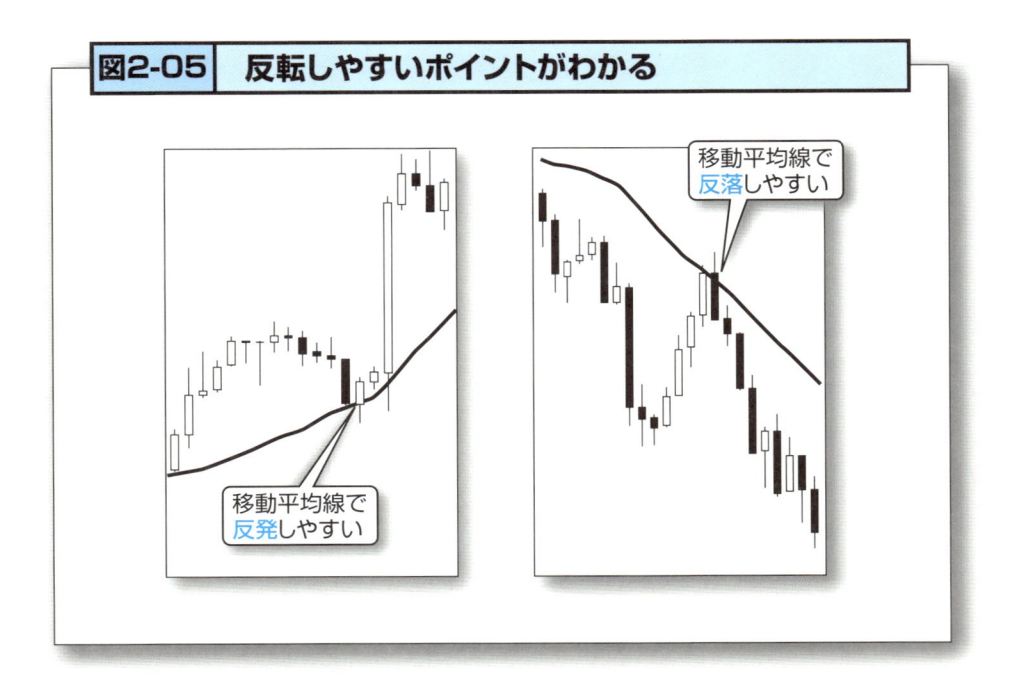

図2-05　反転しやすいポイントがわかる

（左図）移動平均線で反発しやすい

（右図）移動平均線で反落しやすい

20SMAを使う

　一般的に、移動平均線は期間（平均値を算出する期間）を設定して使います。

　とうぜんのことですが、設定期間によって、移動平均線の位置がちがいます。設定期間が短すぎたり、長すぎたりすると、レートの大きな流れや反転しやすいポイントをうまく捉えることができません。ちょうどいい期間にすることが大切なのです。

　株トレードで5分足チャートを使う場合は、期間5（5本移動平均線）か期間12（12本移動平均線）に設定します。

　多くのトレーダーは、このどちらかの期間で算出した移動平均線を使っています。

　ＦＸトレードで5分足チャートを使う場合は、期間20、期間21、期間50などが、よく使われています。

　本書の手法では、期間20の20ＳＭＡを使います。

6
ボリンジャーバンドを使う

ボリンジャーバンドとはなにか？

　本書の手法では20SMAを使いますが、SMAを表示させて、期間を「20」に設定する必要はありません。

　20SMAを直接表示させて使わないのです。

　代わりに、「ボリンジャーバンド」を使います。

　「なんだか難しそうだな。初心者なので使えるかどうか不安だ」と思う人もいることでしょう。逆に、「なんだ。ボリンジャーバンドか」という人もいるはずです。

　ボリンジャーバンドとは米国のジョン・ボリンジャー氏が考案したテクニカル指標。移動平均線とその標準偏差（バンド）をチャートに描いたものです。バンド内にレートが収まる確率は約95パーセントです。

　ボリンジャーバンドは数あるテクニカル指標の中でもメジャーな指標です。多くのトレーダーが使っています。

　ボリンジャーバンドを使ったことがないという人もいると思いますので、簡単に説明しておきます。

　ボリンジャーバンドはセンターバンド（ミドルボリン）を中心に上下2本、または4本のバンドを表示します。

　次ページの図では、センターバンドの上下に合わせて4本のバンドを表示しています。

　上から＋2σ（シグマ）、＋1σ、－1σ、－2σです。

　レートがこのバンド内に収まる確率が高いというわけです。

Chapter2 スキャルピングで使うテクニカル指標

センターバンドは20SMAと同じ

　なぜ、20SMAを使わないで、代わりにボリンジャーバンドを使うのでしょうか。じつは、間接的に20SMAを使うのです。

　ボリンジャーバンドのセンターバンドは20SMAなのです。期間の設定によっては20SMAでないこともありますが、通常は20SMAになっています。つまり、ボリンジャーバンドを表示して、センターバンドを20SMAとして使えばよいということです。

　なお、本書の手法では±2σと±1σを使いますが、両方いっしょに使うわけではありません。エントリーのタイミングを見極めるときは±2σだけを、ロスカットのタイミングを決めるときには±1σだけを使います。詳しいことは後ほど説明します。

　また、お使いのチャートソフトにボリンジャーバンドを表示させたとき、設定で期間が20になっているかを確認してください。

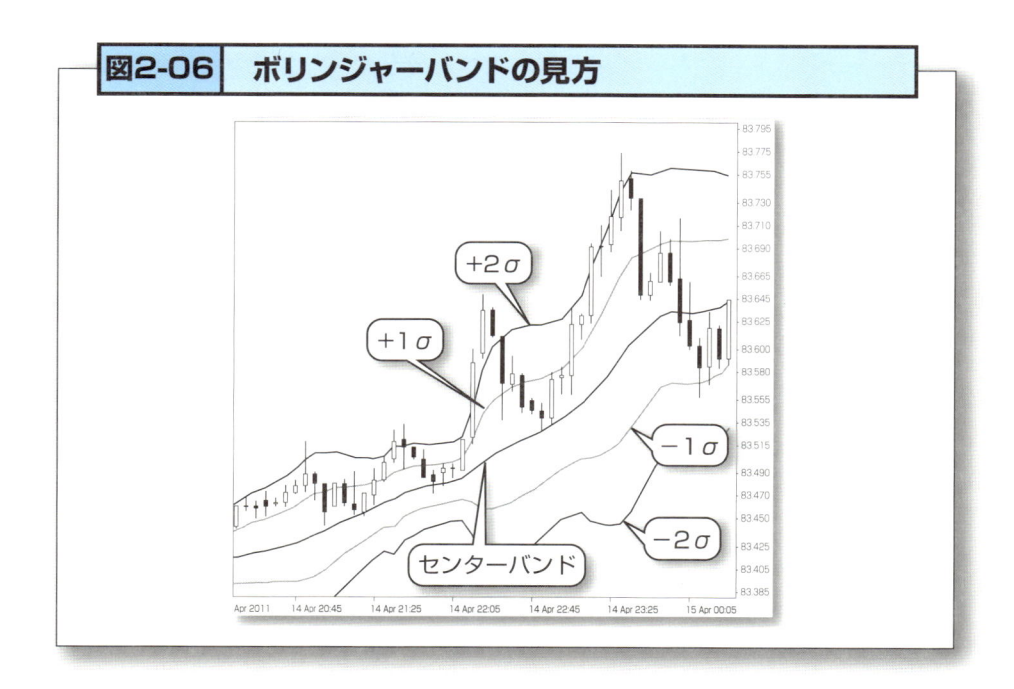

図2-06　ボリンジャーバンドの見方

53

7 ボリンジャーバンドでレートの動きを見極める

ボリンジャーバンドを使う理由

　ボリンジャーバンドは、20ＳＭＡの代わりになるからという理由だけで使うわけではありません。そのほかにも理由があるので使うわけです。
　ボリンジャーバンドで以下のことを見極めます。

1．レートの大きな流れ
2．反転しやすいところ
3．レートの動きの大きさ

　この３つを見極めるためにボリンジャーバンドを使うのです。１と２については、20ＳＭＡだけでも見極めることができますが、３については20ＳＭＡだけでは見極めることができません。
　そして、これら３つを見極めたうえで、エントリーのタイミングを見極めます。
　そのため、ボリンジャーバンドを使う必要があるのです。
　１と２については、移動平均線のところで説明したとおりです。
　繰り返しになりますが、簡単に述べておきましょう。
　レートの大きな流れは移動平均線の向きでわかると述べました。ボリンジャーバンドではセンターバンドの向きで大きな流れがわかります。

- センターバンドが上向きならレートの大きな流れは上向き
- センターバンドが下向きならレートの大きな流れは下向き

図2-07　センターバンドで流れを見極める

センターバンドが上向きならレートの大きな流れは上向き

反発しやすい

反落しやすい

センターバンドが下向きならレートの大きな流れは下向き

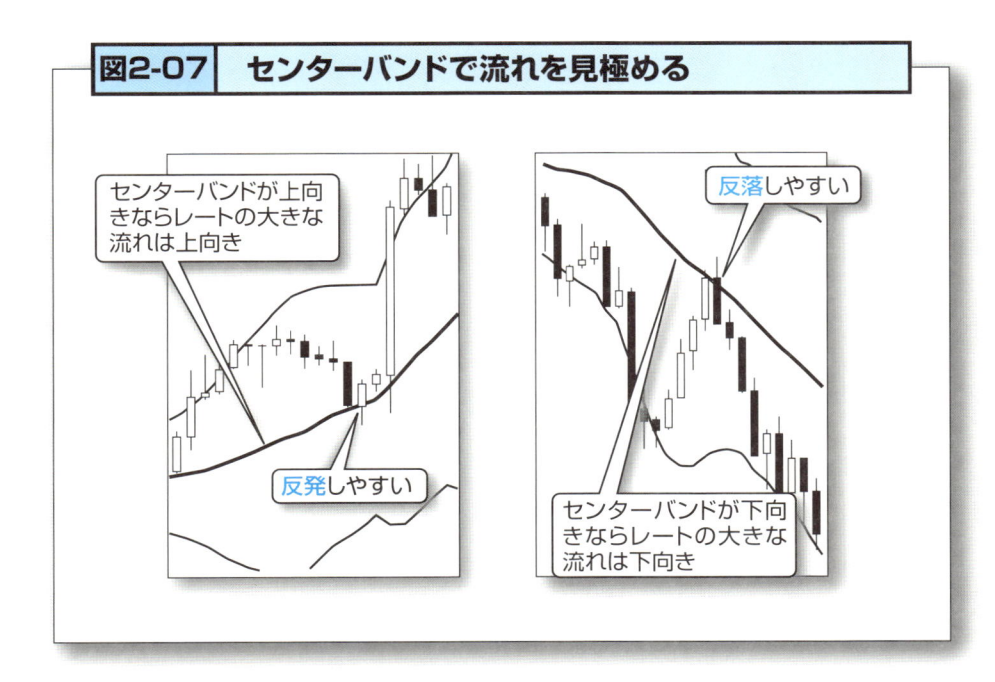

　また、移動平均線はサポートラインやレジスタンスラインと同じような役目をするため、反転しやすいところになると述べました。ボリンジャーバンドでは、センターバンドで反転しやすいところがわかります。

- **下降してきたレートはセンターバンドの近辺で反発しやすい**
- **上昇してきたレートはセンターバンドの近辺で反落しやすい**

　ちなみに、±2σの近辺も反転しやすいところです。

2σの幅でレートの動きの大きさがわかる

　また、ボリンジャーバンドを見ることで、レートの動きの大きさがわかります。このことを見極めたいから、ボリンジャーバンドを使うといってもよいでしょう。それだけ、意味があることなのです。

なぜなら、スキャルピングにとって、レートの動きの大きさはとても重要だからです。
　先述のとおり、レートが大きく動いている状況のほうが利益を出しやすいのです。だから、つねにレートの動きが小さいのか大きいのかを見極める必要があります。
　２０ＳＭＡで見極めるのは難しいですが、ボリンジャーバンドを使えば簡単に見極めることができるのです。

- **＋２σと－２σの間の幅が大きい……レートの動きが大きい**
- **＋２σと－２σの間の幅が小さい……レートの動きが小さい**

　必ずとはいえませんが、たいがいの場合は「幅の大きさ＝レートの動きの大きさ」になります。そうでない場合についてはこのあとで説明します。

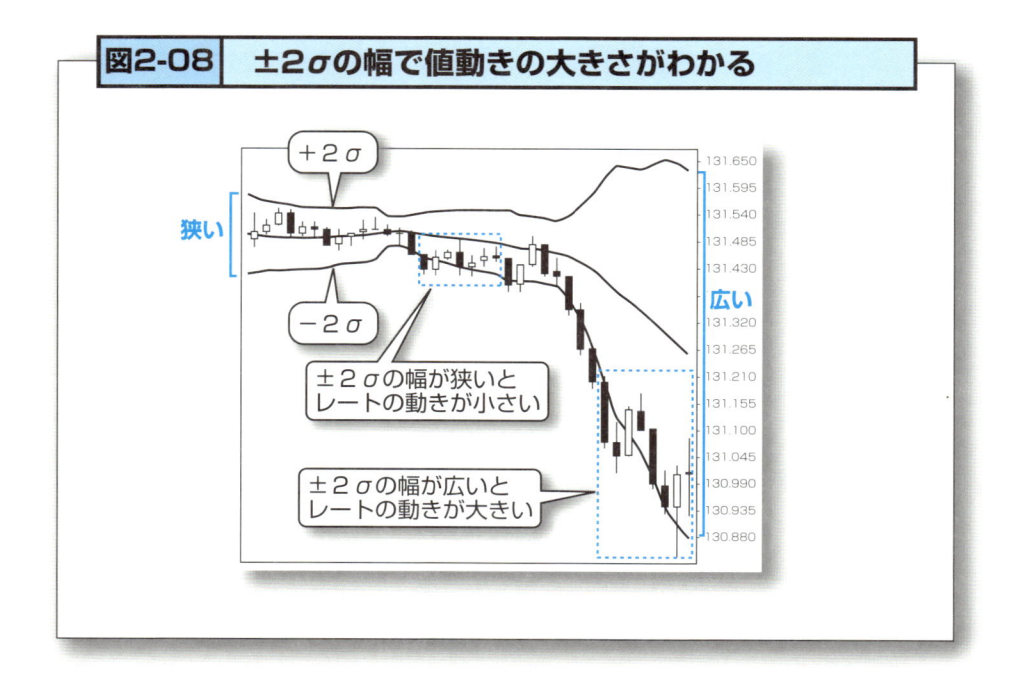

図2-08　±2σの幅で値動きの大きさがわかる

- 狭い
- ＋２σ
- －２σ
- ±２σの幅が狭いとレートの動きが小さい
- 広い
- ±２σの幅が広いとレートの動きが大きい

8 2σの幅でレートの動きを捉える

見た目だけではレートの動きを捉えきれない

　前のページで述べたように、たいがいの場合は「＋2σと－2σの間の幅の大きさ＝レートの動きの大きさ」になります。
　しかし、必ずそうだとはいえません。そうでない場合もあるわけです。
　これは図を使いながら説明したほうがわかりやすいと思います。
　下の図を見てください。どちらもユーロ／円のチャートです。
　左側のチャートは＋2σと－2σの間が大きく開いています。
　右側のチャートは＋2σと－2σの間がそれほど開いていません。

図2-09　±2σの幅

±2σ間 23.1pips　　±2σ間 26.9pips

±2σ間が広い？　　　　±2σ間が狭い？

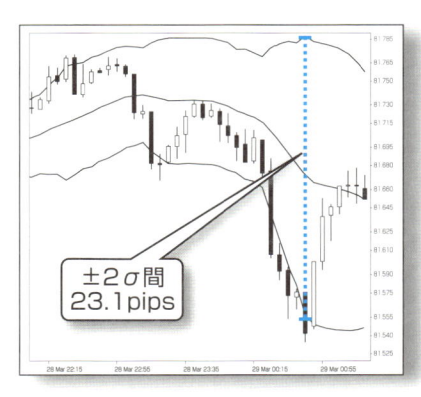

このことから、左側のチャートではレートの動きが大きく、右側のチャートではレートの動きが小さいように思えます。
　しかし、実際はどうでしょうか。
　それぞれのチャートの縦軸で目盛りを見ると、左側のチャートのAの間は23.1pips、右側のチャートのBの間は26.9pipsです。
　このことから、左側のチャートは±2σの間が開いていないのにレートの動きは大きく、右側のチャートは±2σの間が開いているのにレートの動きが小さいということになります。
　このように、±2σの幅を見た目で判断すると、レートの動きを正しく捉えられないことがあるのです。
　では、正しく捉えるにはどうすればよいのでしょうか。
　それには、ここまでの説明でしたことをすればよいのです。
　つまり、縦軸で+2σと-2σの間がどれくらいなのか確認して判断すればよいのです。

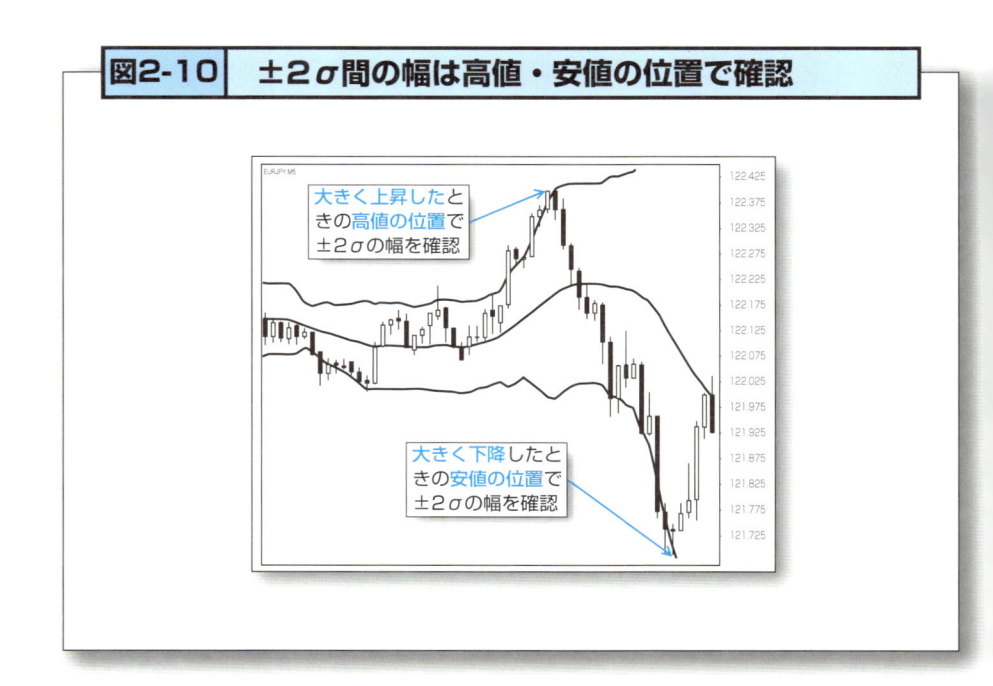

図2-10　±2σ間の幅は高値・安値の位置で確認

大きく上昇したときの高値の位置で±2σの幅を確認

大きく下降したときの安値の位置で±2σの幅を確認

私は、大きく上昇したときの高値、大きく下降したときの安値の位置で、±2σの幅を確認しています。

　どのくらいの値幅があれば、スキャルピングに適した状況かということは、通貨ペアによって少しことなります。

　20ページであげた通貨ペアの目安については以下のとおりです。大雑把な目安なので、各自で調節してください。また、それ以外の通貨ペアについてはトレードによる経験から各自で決めてください。

米ドル／円……30pips以上
ユーロ／円……45pips以上
ポンド／円……70pips以上
豪ドル／円……35pips以上
ユーロ／米ドル……35pips以上

9 ストキャスティクスを使う

ストキャスティクスとはなにか？

　本書の手法ではテクニカル指標をもう1つ使います。
　それは「ストキャスティクス」です。
　ストキャスティクスとは、米国のジョージ・レーンによって考案されたテクニカル指標です。
　オシレーター系（振れ幅でレートの流れを表すタイプ）としては普及しています。一定期間の高値と安値に対して、現在のレートがどの位置にあるかということを、0から100パーセントの数値で表します。

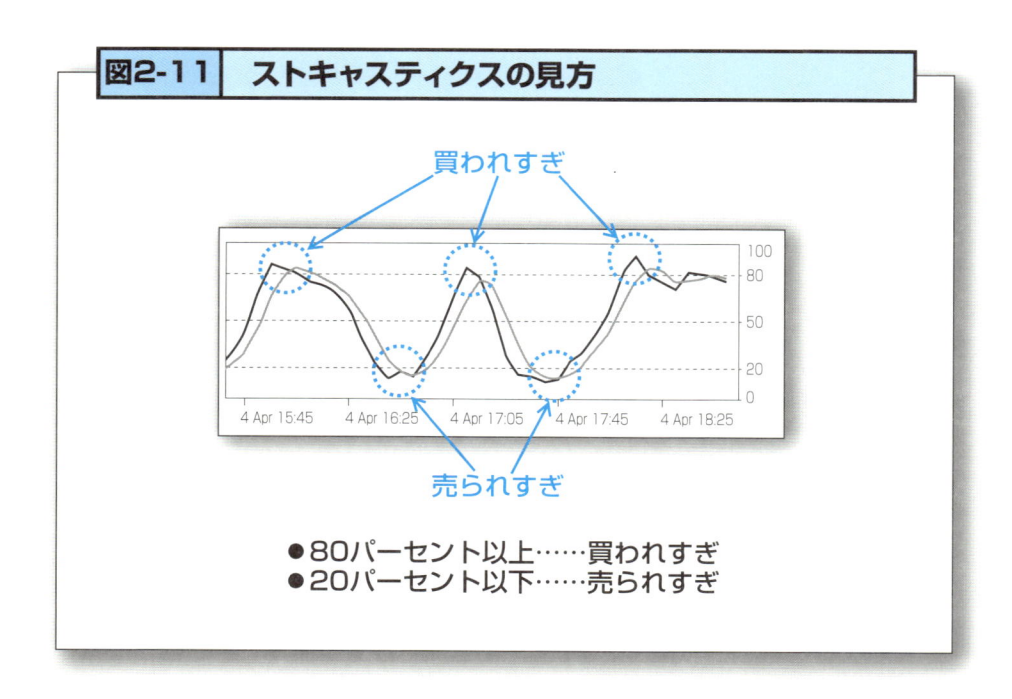

図2-11　ストキャスティクスの見方

買われすぎ

売られすぎ

- 80パーセント以上……買われすぎ
- 20パーセント以下……売られすぎ

一般的な使い方は、数値によって買われすぎや売られすぎを判断します。

- **80パーセント以上……買われすぎ**
- **20パーセント以下……売られすぎ**

数値は0～100パーセントの間を推移します。この数値が80パーセント以上になると買われすぎ、20パーセント以下になると売られすぎということになります。

しかし、この判断だけでポジションを建てるのは危険です。

たとえば、数値が80パーセント以上になったとします。買われすぎですから、ショートでエントリーします。しかし、そこからさらに上昇していくことはよくあることです。そのため、指数による判断だけでポジションを建てるのは危険なのです。

私の意見ですが、この指標だけで勝つのは難しいと思います。

ただし、数あるテクニカル指標の中でも優れているものであり、また使いやすいので、他のテクニカル指標と組み合わせることで、レートの動きをかなり捉えやすくなります。

本書の手法ではスローストキャスティクスを使う

ストキャスティクスは2種類あります。
ファストストキャスティクスとスローストキャスティクスです。

- **ファストストキャスティクス……%Kと%Dを使う**
- **スローストキャスティクス……%DとSDを使う**

ストキャスティクスでは、%K、%D、SDの3つの指標があります。

ファストストキャスティクスは%Kと%Dを、スローストキャスティクスは%DとSDを使います。

とうぜん、数値の動きもちがいます。
　ファストのほうはレートの動きが早く反映されるため、数値の変動が激しくなります。
　レートのちょっとした動きで80パーセントを超えたり、20パーセントを割ってしまいます。そのため、買われすぎや売られすぎの判断があてにならないことが多いのです。
　スローのほうは指数の変動が激しくないので、使いやすいといえます。
　私はスローのほうを使っています。本書の手法でもスローのほうを使います。
　通常、ストキャスティクスはパラメーターを設定して使います。本書の設定は以下のとおりです。
　なお、設定の確認および設定の変更方法については、使用しているチャートソフトのマニュアルで調べてください。

- %K……5
- %D……3
- SD……3

Chapter 3
エントリーのタイミングを決める条件

1 トレード戦略とエントリーの条件

3つのトレード戦略

ここからは手法の具体的な説明をしていきましょう。
まずはトレードの戦略について説明します。
大まかなトレードの戦略は以下のとおりです。

1. レートの大きな流れを見極める
2. 押しまたは戻りを待つ
3. 元の大きな流れに戻ったのを確認してエントリー

図3-01　トレード戦略

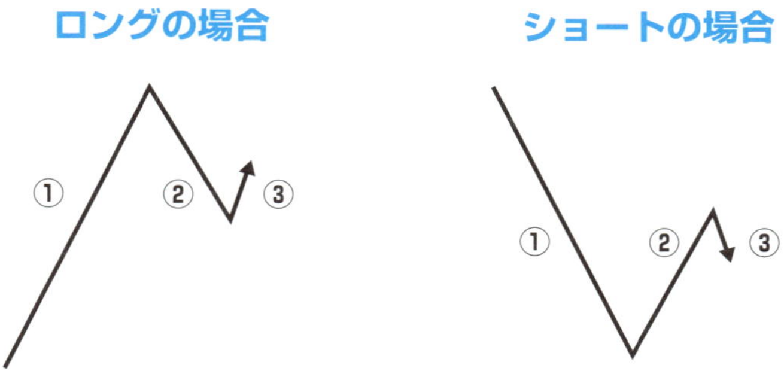

ロングの場合　　　　**ショートの場合**

① レートの大きな流れを見極める
② 押しまたは戻りを待つ
③ 元の大きな流れに戻ったのを確認してエントリー

まずはレートの大きな流れを見極めます。

レートが大きく上昇または大きく下降している通貨ペアを見つけます。なければ、大きく動くまで待つわけです。

次に、大きく上昇した場合は押しを、大きく下降した場合は戻りを待ちます。押しとは上昇中の一時的な下げのこと、戻りとは下降中の一時的な上げのことです。つまり、大きく上がったあとに反動（または調整）で下がる、大きく下がったあとに反動で戻るのを待つわけです。

そして、反動のあと、元の大きな流れに戻ったことを確認したら、エントリーします。

ロング・エントリーの条件

では、手法の具体的な説明をします。

まずはロングから説明していきましょう。条件が6つあります。それらをすべて満たしたら、エントリーします。

条件1　急騰か大きく上昇してセンターバンドが上向きになっている
条件2　ストキャスティクスが80パーセント以上になる
条件3　＋2σと－2σの間隔が目安以上に広がる
条件4　陰線を中心にして下落
条件5　ストキャスティクスが20パーセントを割る
条件6　センターバンド近辺でV字反発

これだけ読むとなんだか大変そうですが、慣れれば簡単にエントリーのタイミングを判断できます。コツはチャートの形で覚えることです。

では、1つずつ説明していきましょう。

まずはレートが大きく上昇しているかどうかを判断します。なぜそれが必要かというと、レートが大きく動いていないとスキャルピングに適していないからです。

40ページで、レートが大きく動いているほどスキャルピングに適していると述べたのを覚えていますか。このことを判断するのです。

　それは条件1～3で判断できます。ローソク足で大きく上昇しているのを確認し、ストキャスティクスの％Ｄが80パーセント以上になっていれば、大きな流れは上向きということです。そして、＋2σと－2σの間隔が59ページの目安以上になっていれば、スキャルピングに適していると考えられるわけです。

　次に上昇後の押しを確認します。これは条件4と条件5で確認できます。陰線を中心にして下降し、ストキャスティクスの％Ｄが20パーセント以下になれば、押しとして十分です。

　最後に元の大きな流れに戻ったかを見極めます。これは条件6で見極められます。反発はサポートの役割を持つセンターバンドの近辺が理想です。ここでＶ字反転をしたら、条件を満たしたことになります。Ｖ字反転については、このあとで説明します。

　すべての条件を満たしたら、次のローソク足の始値あたりでエントリーします。

ショート・エントリーの条件

　次は、ショートのエントリーのタイミングを見極める条件について説明します。ロングと同様に条件は6つです。それらをすべて満たしたら、エントリーします。

条件1　急落か大きく下降してセンターバンドが下向きになっている
条件2　ストキャスティクスが20パーセント以下になる
条件3　＋2σと－2σの間隔が目安以上に広がる
条件4　陽線を中心にして上昇
条件5　ストキャスティクスが80パーセント以上になる
条件6　センターバンド近辺で逆Ｖ字反落

考え方はロングと同じです。

まずはレートが大きく下降しているかどうかを判断します。これは条件１～３で判断できます。ローソク足で大きく下降しているのを確認し、ストキャスティクスが20パーセント以下になっていれば、大きな流れは下向きということです。

そして、＋２σと－２σの間隔が59ページの目安以上になっていれば、スキャルピングに適していると考えられるわけです。

次に下降後の戻りを確認します。これは条件４と条件５で確認できます。陽線を中心にして上昇し、ストキャスティクスが80パーセント以上になれば、戻りとして十分です。

最後に元の大きな流れに戻ったかを見極めます。これは条件６で見極められます。

反落はレジスタンスの役割を持つセンターバンドの近辺が理想です。ここで逆Ｖ字反落をしたら、条件を満たしたことになります。逆Ｖ字反落については、このあとで説明します。

すべての条件を満たしたら、次のローソク足の始値あたりでエントリーします。

2 押しと戻り、V字と逆V字

押しや戻りの形に注意する

　ここで前項の条件に該当したかどうかを見極めるときの注意点について、いくつか説明します。

　まずは、条件4の押し（ロングの場合）と戻り（ショートの場合）についてです。押しと戻りではローソク足の並び方に注意してください。なるべく、きれいに並んでいる場合のみ条件を満たしたとします。ごちゃついているような並びの場合は条件を満たしたことにしません。

　たとえば、下の図のローソク足を見ると、左上は陰線がきれいに並んでい

図3-02　きれいに並んでいるときだけエントリーする

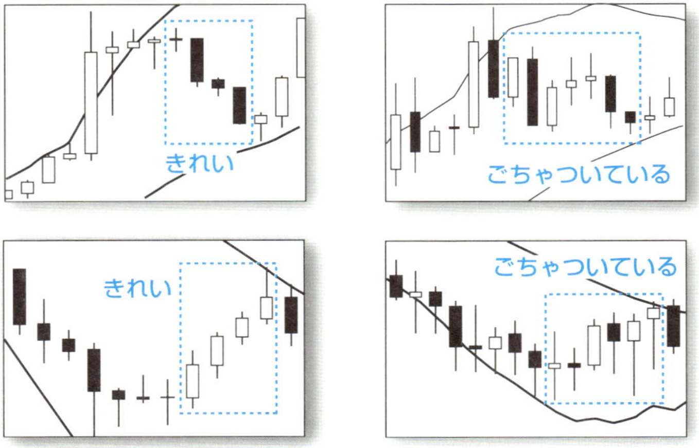

きれい

ごちゃついている

きれい

ごちゃついている

ますが、右上はきれいに並んでいないのがわかります。押しのときに陽線が出てもよいのですが、ごちゃついた並びの場合は条件を満たしたことにしません。

同様に、左下は陽線がきれいに並んでいますが、右下はきれいに並んでいません。

経験上、きれいに並んでいない場合は勝率が低いので、条件を満たしたことにしていないのです。

V字反転と逆V字反転の形に注意する

V字反転と逆V字反転の形についても注意してください。

V字反転は3本のローソク足で「V字」の形ができたかどうかがポイントです。下の図の左側を見てください。

3本あるローソク足の真ん中の足に注目します。図のように、真ん中の足

図3-03　V字反転と逆V字反転

V字　　　　　　　　　　　　　　**逆V字**

必ず陽線　　　　　　　　　　　　　必ず陰線

中央のローソク足の実体部分の上端が他の2本のそれよりも低い

中央のローソク足の実体部分の下端が他の2本のそれよりも高い

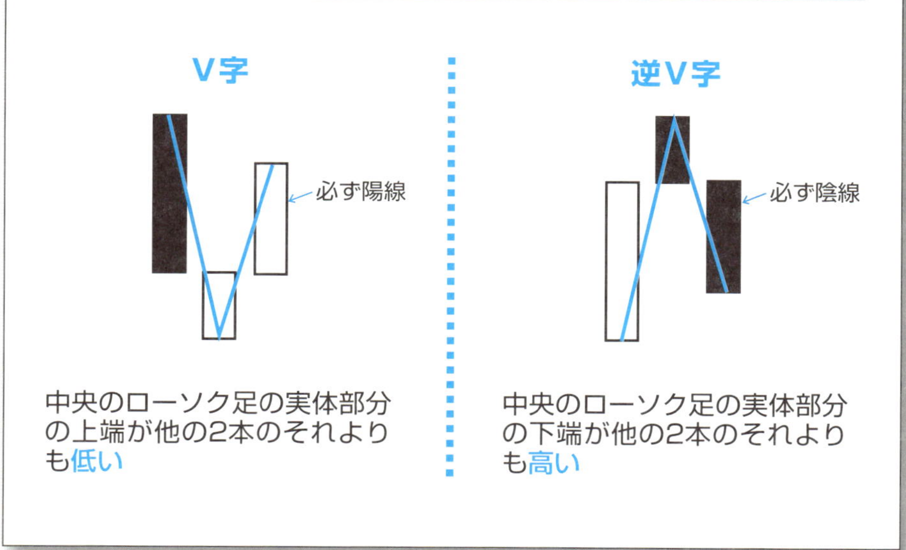

の実体部分の上端（始値または終値）が、他の2本の実体部分の上端よりも下がっていることによってV字になります。真ん中の足の実体部分の上端が、他の2本のそれよりも下がっていないとV字になりません。V字になった場合だけ、条件を満たしたことにします。

同様に、逆V字反転は3本のローソク足で「逆V字」の形ができたかどうかがポイント。

右側の図のように、真ん中のローソク足の実体部分の下端（始値または終値）が、他の2本のそれよりも上がっていれば、逆V字になります。他の2本のそれよりも下がっていると逆V字になりません。逆V字になった場合だけ条件6を満たしたことになります。

寄引同時線は陰線と同じに考える

また、V字の確定足は陽線が絶対条件です。まれに陰線でV字が確定しますが、その場合は条件を満たしたことになりません。

逆V字の場合も同様に、確定足は陰線が絶対条件です。陽線で逆V字が確定しても、条件を満たしたことにはならないので、注意してください。

そのほか、「寄引同時線」にも注意が必要です。

寄引同時線とは、始値と終値が同じ値段のローソク足のこと。一本線（四値同時）、寄引同時線（十字線）、トンボ、トウバなどがあります。

このようなローソク足は陽線でもなければ陰線でもありません。

本書の手法では、寄引同時線でV字または逆V字が確定しても条件を満たしたことにはならないので、注意してください。

確定足とセンターバンドの位置関係に注意

V字や逆V字が確定したとき、ローソク足とセンターバンドの位置関係に注意してください。

センターバンドから少し離れている場合は、各自の判断でエントリーして

Chapter3　エントリーのタイミングを決める条件

図3-04　寄引同時線

四値同時

寄引同時線

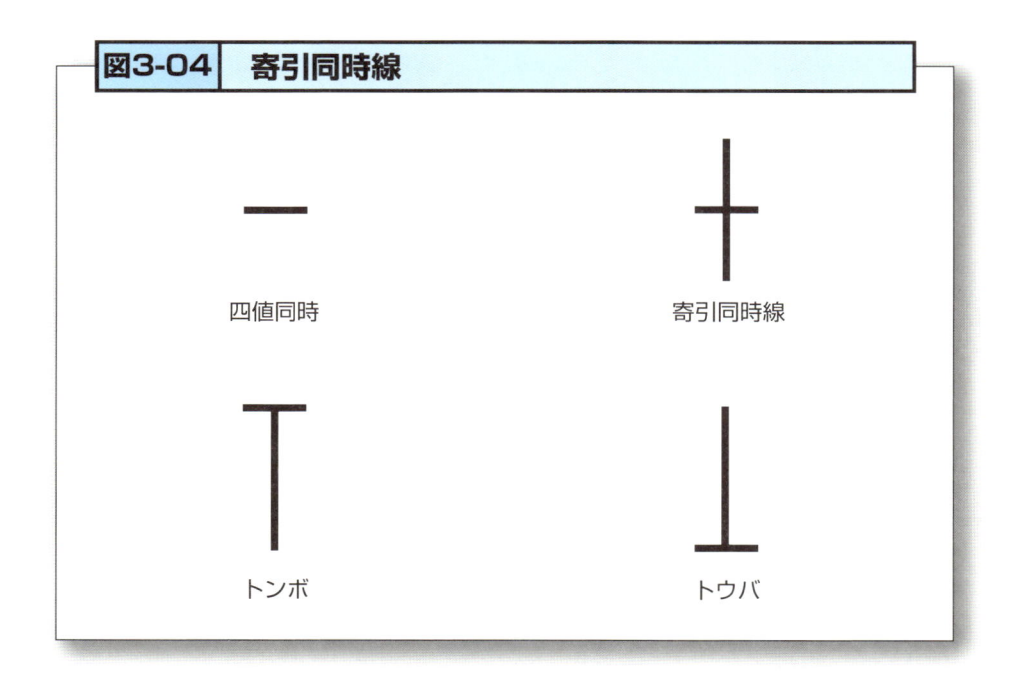

トンボ

トウバ

よいでしょう。

　しかし、大きく離れている場合は見送ります。

　また、少し離れていてエントリーする場合は、確定足の終値に注意してください。

　V字の確定足の終値はセンターバンドの上にあることが絶対条件です。押しが深いと、V字が確定したときに終値がセンターバンドの下になっていることがよくあります。その場合は条件を満たしたことになりません。

　同様に、逆V字が確定したときに終値がセンターバンドの上にある場合は条件を満たしたことにならないので注意してください。

　また、押しが深い場合もV字の確定足の終値がセンターバンドの上にあれば、条件を満たしたことになります。

　戻りが深い場合も逆V字の確定足の終値がセンターバンドの下にあれば、条件を満たしたことになります。

　ただし、押しや戻りが深すぎる場合は見送ったほうが無難です。

3 ロング・エントリーの見極め方

V字が確定した次のローソク足の始値あたり

　では、実際のチャートを使ってエントリーのタイミングを説明します。
まずはロングから説明していきましょう。

　次ページのチャートを見てください。ポンド／円の5分足チャートです。
レートの動きやテクニカル指標を時系列で追いながら、条件を1つずつ見ていきます。

　条件1は、レートが急騰か大きく上昇してセンターバンドが上向きになっているかどうかです。このケースでは大きく上昇して上向きになっているので、条件1を満たしています。

　条件2は、ストキャスティクスが80パーセント以上になっているかどうかです。このケースでは93パーセントまで上がっているので、条件2を満たしています。

　条件3は、＋2σと－2σの間隔が目安以上に広がっているかどうかです。ポンド／円の目安は70pips。このケースでは92.3pipsなので、条件3を満たしています。

　条件4は、陰線を中心にして下落しているかどうかです。このケースでは5本できれいに下落しているので、条件4を満たしています。

　条件5は、押したときにストキャスティクスが20パーセント以下になっているかどうかです。このケースでは3パーセントまで下がっているので、条件5を満たしています。

　条件6は、センターバンド近辺でV字反発したかどうかです。このケースではセンターバンドのところでV字ができているので、条件6を満たしています。

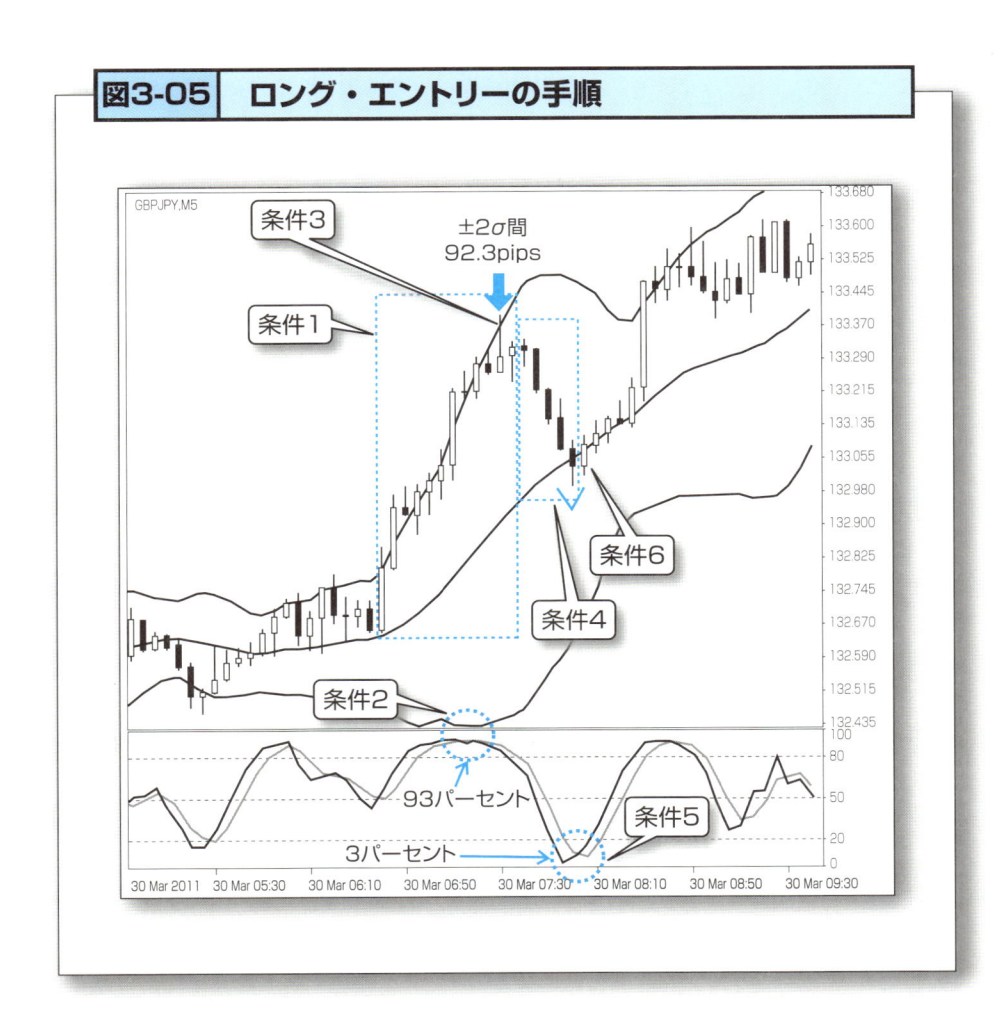

Chapter3 エントリーのタイミングを決める条件

| 図3-05 | ロング・エントリーの手順 |

(図：GBPJPY,M5チャート。条件1〜条件6のラベル、±2σ間 92.3pips、93パーセント、3パーセントの表示あり)

　これですべての条件を満たしました。Ⅴ字が確定した次のローソク足の始値あたりでエントリーします。このケースでの買値は133.106円（スプレッド2銭）です。
　エントリー後、レートは大きく上昇しました。
　このように、条件を1つずつ見ていき、エントリーのタイミングを見極めます。

4 ショート・エントリーの見極め方

逆V字が確定した次のローソク足の始値あたり

　次は、実際のチャートを使って、ショート・エントリーのタイミングについて説明します。

　次ページのチャートを見てください。米ドル／円の5分足チャートです。先ほどと同じようにレートの動きやテクニカル指標を時系列で追いながら、条件を1つずつ見ていきます。

　条件1は、レートが急落か大きく下降してセンターバンドが下向きになっているかどうかです。このケースでは大きく下降して下向きになっているので、条件1を満たしています。

　条件2は、ストキャスティクスが20パーセント以下になっているかどうかです。このケースでは2.2パーセントまで下がっているので、条件2を満たしています。

　条件3は、＋2σと－2σの間隔が目安以上に広がっているかどうかです。米ドル／円の目安は30pips。このケースでは45.5pipsなので、条件3を満たしています。

　条件4は、陽線を中心にして上昇しているかどうかです。このケースでは陽線5本できれいに上昇しているので、条件4を満たしています。

　条件5は、戻したときにストキャスティクスが80パーセント以上になっているかどうかです。このケースでは93.6パーセントまで上がっているので、条件5を満たしています。

　条件6は、センターバンド近辺で逆V字反落したかどうかです。このケースではセンターバンドと接触したところで逆V字ができているので、条件6を満たしています。

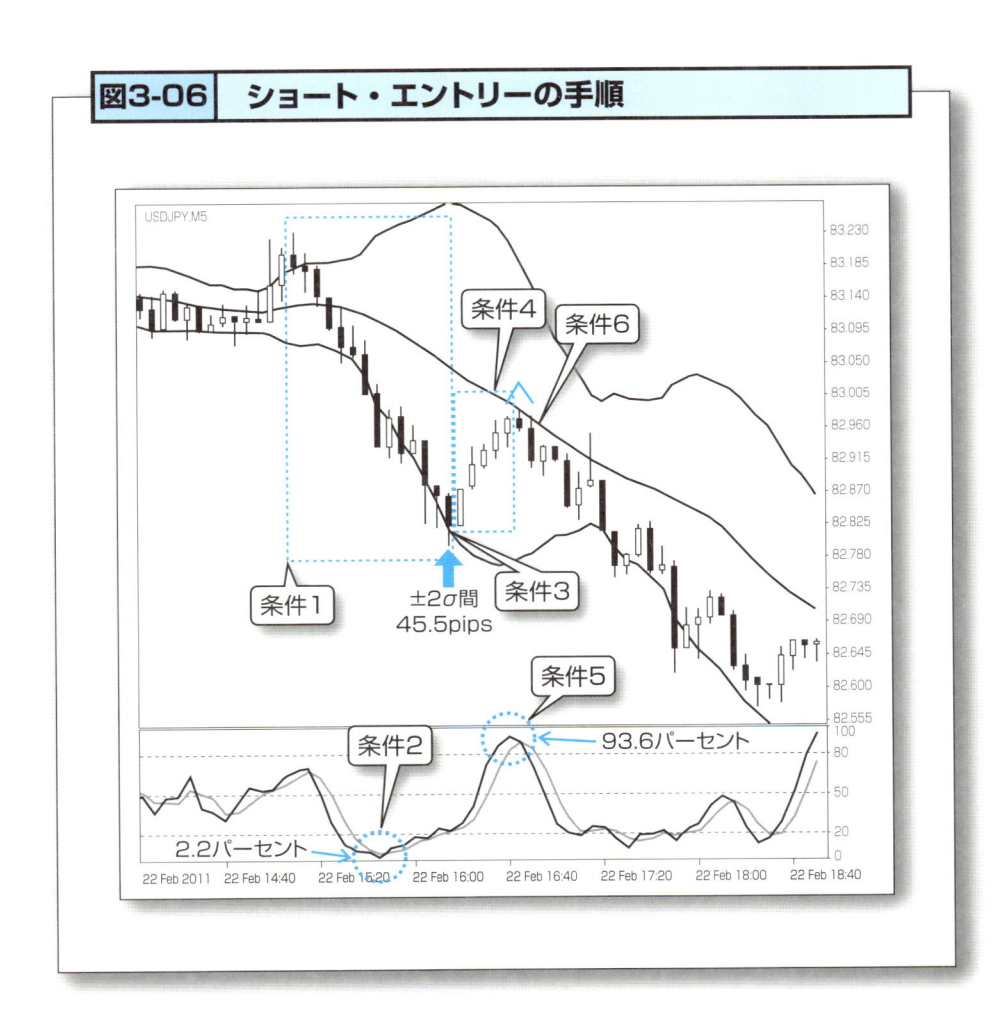

Chapter3 エントリーのタイミングを決める条件

| 図3-06 | ショート・エントリーの手順 |

これですべての条件を満たしました。逆V字が確定した次のローソク足の始値あたりでエントリーします。このケースでの売値は82.913円です。

エントリー後、レートは少し戻る場面がありましたが、そのあとは下落しました。

5 エントリーするタイミングの回数を増やす

6つの条件のどれかを緩くする

　本書では6つの条件でエントリーするタイミングを見極めます。この6つのすべてを満たす回数はあまり多くありません。とうぜん、エントリーの回数も少なくなります。

　エントリーの回数をもう少し増やしたいという人もいることでしょう。

　その場合、6つの条件のどれかを緩くします。いくつか例をあげてみましょう。

1．＋2σと－2σの間隔の目安を狭くする
2．押しや戻りのローソク足にこだわらない
3．押しや戻りのストキャスティクスの条件を緩くする
4．V字の位置や形の条件を緩くする

　1は目安の幅を狭くします。たとえば、米ドル／円では＋2σと－2σの間隔の目安は30pipsですが、これを20pipsにするというようにするわけです。

　2はローソク足の並びのきれいさにこだわらないということ。たとえば、少しごちゃついていても条件を満たすことにします。

　3はストキャスティクスの数値を変えます。「押しは20パーセント以下、戻りは80パーセント以上」ですが、たとえば、これを「押しが35パーセント以下、戻りが65パーセント以上」というように変更するわけです。

　4はV字の形や位置にあまりこだわらない条件にするということ。たとえば、センターバンドから離れていてもかまわないとか、V字や逆V字の形が少し変でもかまわないというようにするわけです。

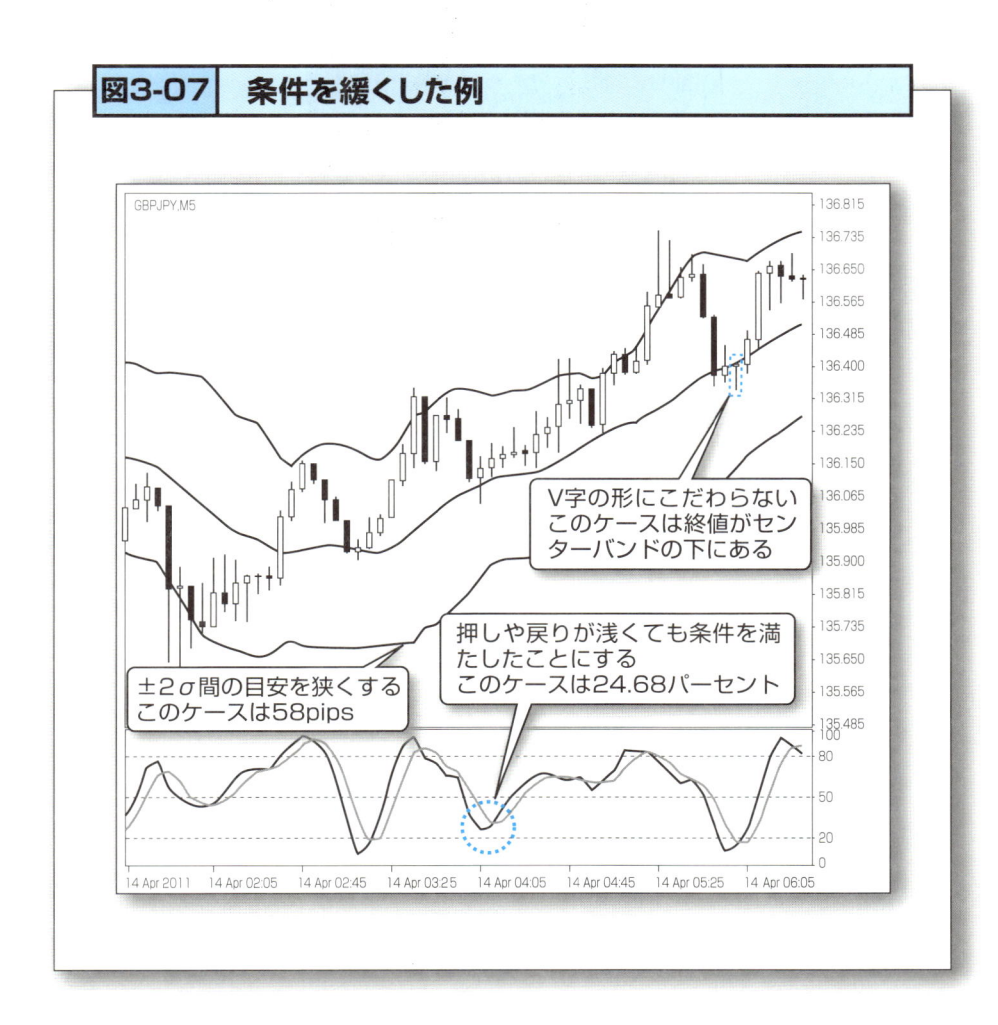

Chapter.3　エントリーのタイミングを決める条件

図3-07　条件を緩くした例

V字の形にこだわらない
このケースは終値がセンターバンドの下にある

押しや戻りが浅くても条件を満たしたことにする
このケースは24.68パーセント

±2σ間の目安を狭くする
このケースは58pips

　このようにすることで、条件を満たす回数が増えます。とくに、＋2σと－2σの間隔の目安を変えると条件を満たすことがかなり増えるはずです。

6 勝率が高い状況と低い状況を見極める

見送りやロットを大きくする判断

　条件を満たしたからといって、すべてのタイミングでエントリーするわけではありません。

　他の条件によって、勝率が低いと判断した場合は見送りましょう。無理にエントリーすると、大きな損失を出してしまう可能性があります。

　負けているときや時間がないときは、早く利益を出したいという気持ちが強くなり、勝率が低いと思ってもエントリーしたくなります。

　そういったときでも焦らず、少しでも勝率が高いタイミングを選んでエントリーしましょう。

　また、トレードに慣れてきたら、ロットのサイズを変えてみましょう。メリハリをつけるわけです。

　ふつうのタイミングでは、ふつうのロットサイズでエントリーします。勝率が高いと思うタイミングでは、ロットサイズを大きくしてエントリーします。

　たとえば、ふだんは3万通貨でエントリーしていたら、勝率が高いタイミングでは5万通貨でエントリーする、というようにロットを大きくしてエントリーするわけです。

勝率が低いタイミング……見送る
ふつうのタイミング……ふつうのロットサイズでエントリー
勝率が高いタイミング……ロットサイズを大きくしてエントリー

　ただし、勝率の見極めが上手にできないと、ロットサイズを大きくしたときに何連敗もし、資金を大きく減らしてしまいます。

そのため、トレードの実力がつき、勝率の見極めが上手になってからにしましょう。

勝率の見極め方

勝率を見極めるには、まず、チャートの形（チャート・パターン）から、上昇する確率と下降する確率のどちらが高いかを見極めます。

それがわかれば、ロングとショートのどちらが有利かがわかるわけです。

上昇する確率が高い状況では、ロングでエントリーすれば勝率が高くなり、ショートでエントリーすれば勝率が低くなります。

下降する確率が高い状況では、ショートでエントリーすれば勝率が高くなり、ロングでエントリーすれば勝率が低くなるわけです。

見極めるポイントはいくつかあるのですが、主にチャート上の、「直近の高値」「直近の安値」「三角形」「レンジ（水平チャネル）」「ダブルトップ」「ダブルボトム」などに着目します。

ロングで勝率が高い状況
- **直近の高値から引いたライン近辺で反発**
- **ダブルトップから引いたライン近辺で反発**
- **レンジのラインで反発**

ロングで勝率が低い状況
- **ダブルトップの下で反発**
- **三角形の下で反発**

図3-08　ロングでの勝率を見極める

ロングで勝率が高い状況

直近高値のライン近辺で反発

ダブルトップのラインで反発

レンジのラインで反発

ロングで勝率が低い状況

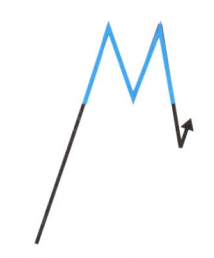

ダブルトップの下で反発

三角形の下で反発

Chapter3　エントリーのタイミングを決める条件

図3-09　ショートでの勝率を見極める

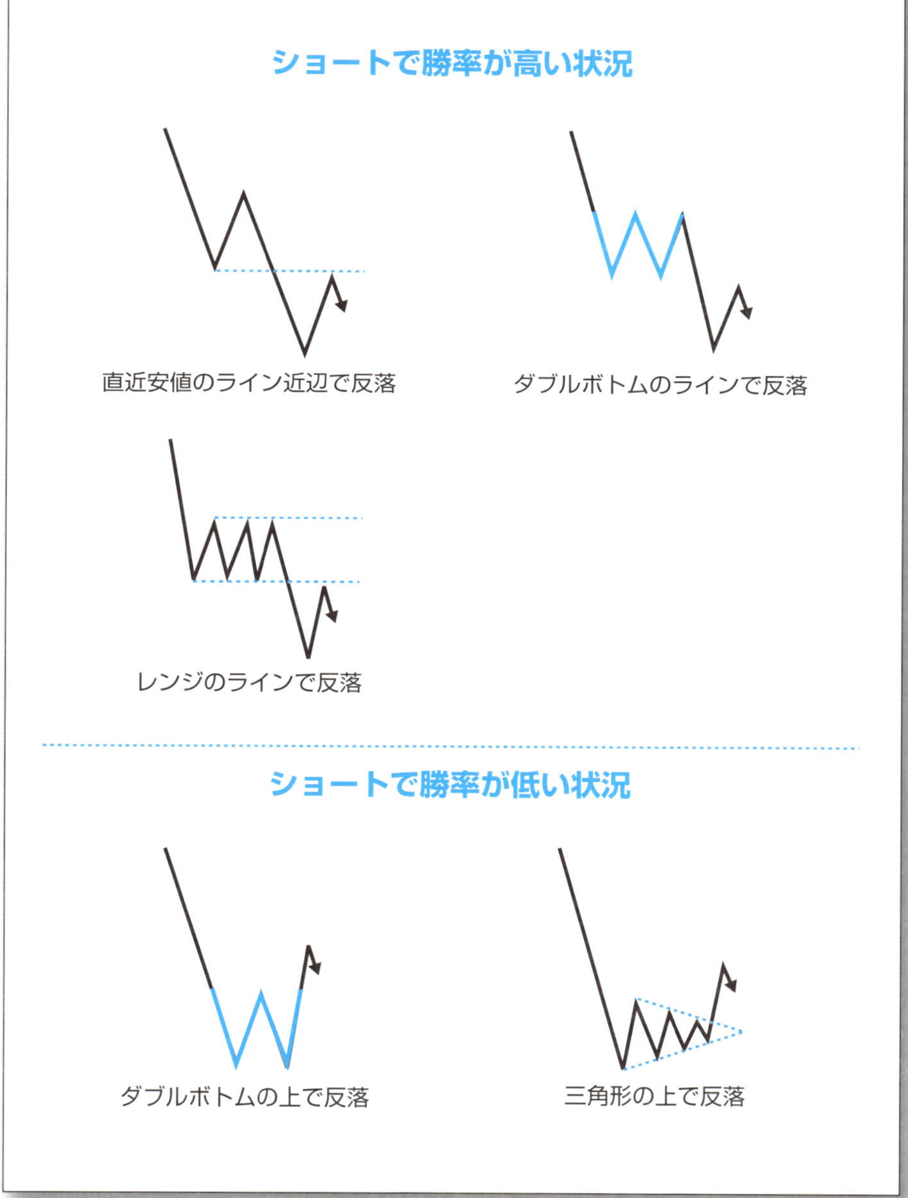

ショートで勝率が高い状況

直近安値のライン近辺で反落

ダブルボトムのラインで反落

レンジのラインで反落

ショートで勝率が低い状況

ダブルボトムの上で反落

三角形の上で反落

ショートで勝率が高い状況
- **直近の安値から引いたライン近辺で反落**
- **ダブルボトムから引いたライン近辺で反落**
- **レンジのラインで反落**

ショートで勝率が低い状況
- **ダブルボトムの上で反落**
- **三角形の上で反落**

80ページと81ページの図を見て、形を覚えてください。
この他にも勝率を見極める方法はいくつかあります。
Chapter 5 でも紹介しますので、そちらも参考にしてください。

Chapter 4

スキャルピングの基礎力をつける25問

1 演習問題の解き方

エントリーのタイミングは言葉だけではつかめない

　エントリーの条件については、理解できたことと思います。見るポイントはいくつかありますが、手法じたいはそれほど難しくはありません。
　あとはチャートを見て、条件を満たしたところがわかるかどうかです。
　トレードというのは、エントリーのタイミングを言葉でわかっているだけでは、実践で通用しません。
　言葉で覚えるのも大切ですが、いちばんよいのはチャートの形で覚えることです。
　「チャートがこういう形になったらエントリー」というように、形で判断できるようになることが大切です。
　そのためにも、ここから演習問題を解いて勉強していきましょう。

チャートをたくさん見ることが最高の勉強法

　私は演習問題という形での勉強はしませんでした。
　しかし、演習問題を解くことは、効果がある勉強法だと確信しています。
　私がおこなったのは、たくさんのチャートを見ること。この勉強法によって、トレードが上達したのです。
　毎日、トレードを終えたあと、その日の5分足チャートをプリントアウトしました。そして、その紙（プリントアウトしたA4の紙）を何回も見ました。それこそ、目が疲れて痛くなるほどです。
　こういった勉強を続けているうちに、少しずつ勝率が高いエントリー・タイミングと勝率が低いエントリー・タイミングがわかるようになってきました。

「このラインで反転したら上昇が続きやすい」「このパターンは勝率が悪いから避けたほうがいい」といったように、勝ちパターンがわかってきたのです。

そして、コンスタントに勝てるトレーダーになったのです。

だからこそ、数多くのチャートを見ることが最高の勉強法だと、自信を持っていえるのです。

解き方のコツはチャートを時系列で見ること

演習問題を解き、確実にトレードの実力を上げるために、解き方のコツを紹介しましょう。私が実際におこなった勉強法と同じようなやり方をしてください。

チャートを時系列で丁寧に見ていくこと。

これだけです。チャートの左端からローソク足を順に見ていきます。

そして、ローソク足を追いながらボリンジャーバンドの3本のバンド

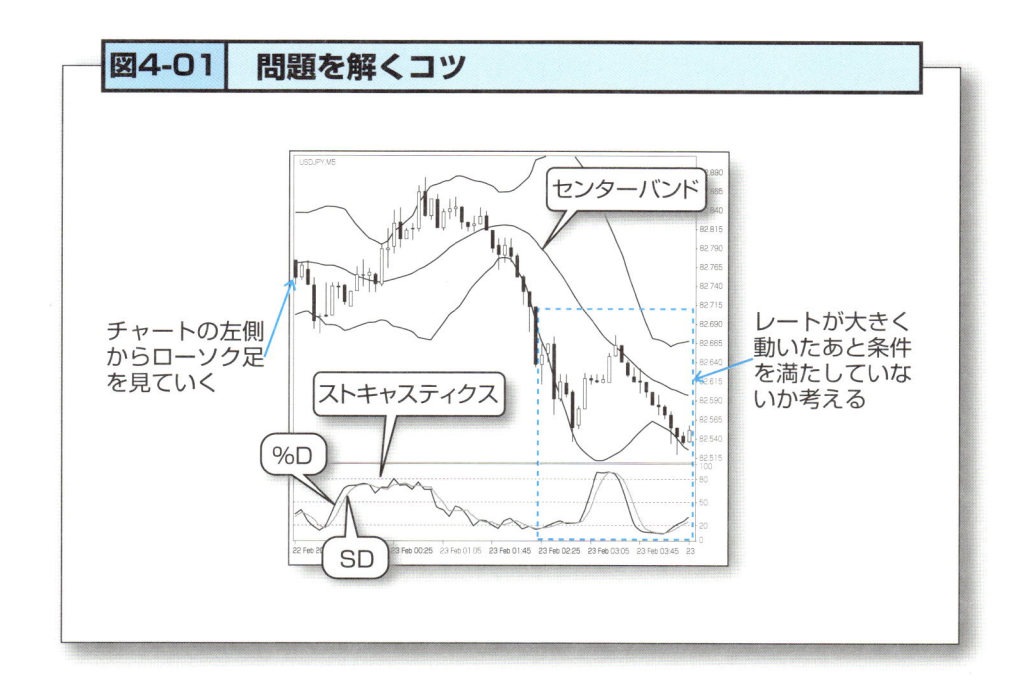

図4-01　問題を解くコツ

- チャートの左側からローソク足を見ていく
- センターバンド
- ストキャスティクス
- %D
- SD
- レートが大きく動いたあと条件を満たしていないか考える

（線）も視界に捉えながら、エントリーの条件を満たしたところを探します。

　また、レートが大きく動いたあと、ローソク足とボリンジャーバンドが接近、または接触しているところでは、視線を少し下げて下段フレームのストキャスティクスも見るようにします。

　こういったやり方で解いてみましょう。

　実際のトレードでは、チャートを見て、自分でエントリーのタイミングを見極めなくてはなりません。

　それも、他のトレーダーより早く。早く探して、早く見極めて、早くエントリーし、早くイグジットする。そういったトレードをしなければなりません。

　そのためのトレーニングを、この章ですると思ってください。

　1問を30秒で解いてみましょう。

　では、25問をすべて実践だと思って解いてみてください。

Q01 下の5分足チャートでロング・エントリーできるところが1ヵ所あります。どこでしょうか、考えてみてください。

ヒント ロングでエントリーする場合の条件を思い出してみましょう。

ユーロ／円　5分足チャート

矢印の位置
±2σ間
50.7pips

A01　Aのところ。

ユーロ／円　5分足チャート

解説

　レートは上昇してセンターバンドが上向き。ストキャスティクスも80パーセント以上になりました。＋2σと－2σの間は50.7pips。目安よりも広いので、スキャルピングに適した状況です。押しのところで陽線が出ていますが、これくらいなら問題ありません。陽線が1本も出ないケースは少ないです。ストキャスティクスも20パーセント以下になり、センターバンドのところでV字が出て、すべての条件を満たしました。Aのところでエントリー。買値は116.532円（スプレッド2銭）。エントリー後、直近の高値のラインで横ばいになりましたが、そこを上に抜けて上昇しました。

Q02 下の5分足チャートでロング・エントリーできるところが1ヵ所あります。考えてみてください。

ヒント ロングでエントリーする場合の条件を思い出してみましょう。

豪ドル／円　5分足チャート

矢印の位置
±2σ間
58.7pips

A02 Aのところ。

豪ドル／円　5分足チャート

解説

　レートは上昇してセンターバンドが上向き。ストキャスティクスも80パーセント以上になりました。＋2σと−2σの間は58.7pips。目安よりも広いのでスキャルピングに適した状況です。陰線2本で押して、ストキャスティクスも20パーセント以下になりました。センターバンドのところでローソク足がV字になり、これですべての条件を満たしました。Aのところでエントリーです。買値は85.627円（スプレッド2銭）。

　エントリー後、上げが少し鈍りましたが、1の高値を上に抜けると大きく上昇していきました。

Q03 下の5分足チャートのAのところでV字になりました。ロング・エントリーできるでしょうか。考えてみてください。

ヒント ＋2σと－2σの間隔に注目してみましょう。

ユーロ／円　5分足チャート

A03 エントリーできます。

ユーロ／円　5分足チャート

解説

　＋2σと－2σの間はそれほど広くないように見えますが、数値を見ると72.4pips。見た目よりもかなり広いです。

　すべての条件を満たしているので、ここはエントリーできます。買値は110.518円（スプレッド2銭）。

　このように、＋2σと－2σの間隔は、見た目ではそれほど広くなくても数値を見ると広い、逆に、見た目では広くても数値では狭い、ということはよくあります。

　そのため、必ず数値の差を計算すること。面倒でもしてください。

Chapter4 スキャルピングの基礎力をつける25問

Q04 Aのところで条件を満たしましたが、押しがセンターバンドを割っています。ロング・エントリーできるか考えてみてください。

> **ヒント** センターバンドを割った場合の条件を思い出してみましょう。

豪ドル／円　5分足チャート

AUDJPY,M5

矢印の位置
±2σ間
52.3pips

A04 エントリーできます。

豪ドル／円　5分足チャート

解　説

　レートは上昇してセンターバンドが上向き。ストキャスティクスも80パーセント以上になりました。＋2σと－2σの間は52.3pips。目安よりも広いのでスキャルピングに適した状況です。押したあと、ストキャスティクスも20パーセント以下になりました。そして、Ｖ字になりましたが、安値がセンターバンドをそこそこ割っています。

　センターバンドを割っている場合、Ｖ字を確定させた足の終値がセンターバンドの上にあることが条件です。このケースでは上にあるので、ここはエントリーできます。買値は80.326円（スプレッド2銭）です。

Q05 急騰後にセンターバンド近辺のAのところでV字になりました。エントリーできるでしょうか。

> **ヒント** 押しのローソク足に注目してみましょう。

米ドル／円　5分足チャート

矢印の位置
±2σ間
107.8pips

A05 エントリーできません。

米ドル／円　5分足チャート

解　説

このような形のチャートパターンは急騰後にときどき見かけます。

センターバンドは上向き。ストキャスティクスは80パーセント以上になり、＋2σと－2σの間は107.8pips。この数値の大きさからも急騰していることがわかります。状況としてはスキャルピングに適しています。

しかし、押しのローソク足が揉み合いで、きれいではありません。また、ストキャスティクスも20パーセント以下になっていません。

押しの条件を満たしていないわけです。そのため、ここではエントリーできません。

Chapter4　スキャルピングの基礎力をつける25問

Q06 Aのところでローソク足がV字になりました。ロングでエントリーできるか考えてください。

ヒント センターバンドの向きに注目してみましょう。

ユーロ／円　5分足チャート

矢印の位置
±2σ間
33pips

A06 エントリーできません。

ユーロ／円　5分足チャート

解　説

　レートは上昇してストキャスティクスは80パーセント以上になっています。その後、下降し、ストキャスティクスは20パーセント以下になってからV字が出ました。

　しかし、＋2σと－2σの間は33pips。目安よりも狭いです。

　また、センターバンドの向きは上昇からV字が形成されるまでの間に、いったん下向きになっています。このことから、大きな流れが上向きだとは、はっきりいえません。

　条件1と条件3を満たしていないので、エントリーできません。

Chapter4 スキャルピングの基礎力をつける25問

Q07 下の5分足チャートでロング・エントリーできるところはどこでしょうか考えてください。

ヒント ローソク足とセンターバンドの位置関係に注目してみましょう。

ユーロ／米ドル　5分足チャート

EURUSD,M5

矢印の位置
±2σ間
84pips

A07 Aのところ。

ユーロ／米ドル　5分足チャート

解　説

　レートは1の高値まで上昇してセンターバンドが上向き。ストキャスティクスも80パーセント以上になりました。＋2σと－2σの間は84pipsなので目安以上です。押して、ストキャスティクスも20パーセント以下になったあと、V字になりました。すべての条件を満たしたのでエントリーできます。買値は1.4337（スプレッド1pip）。

　エントリー後、2のところで、1の高値あたりで押さえられて下落。このように、直近の高値と＋2σが重なるようなところは下落しやすいので注意。

Chapter 4 スキャルピングの基礎力をつける25問

Q08 上昇していたレートがセンターバンドまで下降していきました。ロングでエントリーできるところがあるか考えてください。

ヒント ローソク足の形やストキャスティクスの数値に注目してみましょう。

ユーロ／円　5分足チャート

矢印の位置
±2σ間
44.5pips

A08 エントリーできるところはありません。

ユーロ／円　5分足チャート

解　説

　レートは上昇してセンターバンドが上向き。ストキャスティクスも80パーセント以上になりました。＋2σと－2σの間は44.5pips。目安よりも狭いので条件3を満たしません。押しのローソク足もごちゃついていて、ストキャスティクスも20パーセント以下になっていません。Aのところでローソク足がV字になっていますが、条件をすべて満たしていないので、エントリーできません。

　その後、レートは下落しました。

Chapter4 スキャルピングの基礎力をつける25問

Q09 上昇していたレートがセンターバンドまで下降していきました。Aのところ(始値)でロング・エントリーできるか考えてください。

ヒント ＋2σと－2σの間隔に注目してみましょう。

ユーロ／円　5分足チャート

矢印の位置
±2σ間
20.1pips

A09 エントリーできません。

ユーロ／円　5分足チャート

解　説

　レートは上昇してセンターバンドが上向き。ストキャスティクスも80パーセント以上になりました。

　＋2σと－2σの間は大きく広がっているように見えます。しかし、数値を見ると、20.1pips。目安よりも狭いので条件3を満たしません。

　そのため、ここはエントリーできません。

　その後、レートは下落しました。

　もし、エントリーしたとしても、買値が114.713円（スプレッド2銭）で、高値が114.714円ですから、利食いできません。

Chapter4　スキャルピングの基礎力をつける25問

Q10 急騰後にセンターバンドのAのところでV字になりました。
エントリーできるでしょうか。

ヒント センターバンドの向きに注目してみましょう。

米ドル／円　5分足チャート

矢印の位置
±2σ間
29.4pips

105

A10 エントリーできません。

米ドル／円　5分足チャート

解　説

　レートは大きく下落後に反発し、ストキャスティクスが80パーセント以上になっています。そして、押してストキャスティクスが20パーセント以下になったあと、AのところでV字を形成しました。

　これはレートの流れが変わるときによくあるチャートパターンです。ここから上に向かっていきそうな気がします。

　しかし、センターバンドは上向きになったばかり。まだ、大きな流れが上向きだとはいいきれません。また、±2σの間隔も目安に足りていません。

　そのため、エントリーできません。

Chapter4　スキャルピングの基礎力をつける25問

Q11 下の5分足チャートでショート・エントリーできるところが1ヵ所ありました。どこでエントリーできたか考えてみましょう。

ヒント　大きく下落したあとのセンターバンドを見てください。

米ドル／円　5分足チャート

矢印の位置
±2σ間
36.7pips

A11 Aのところ。

米ドル／円　5分足チャート

解　説

　大きく下落してセンターバンドは下向きになり、ストキャスティクスも20パーセント以下になりました。＋2σと－2σの間隔は36.7pips。米ドル／円の目安は30pipsですから、スキャルピングに適しています。その後、陽線を中心に戻っています。3本ほど横ばいのローソク足が出ていますが、このくらいは問題ありません。ストキャスティクスが80パーセント以上になったあと、逆V字で反落。これで元の流れに戻ったことが確認確認できたので、次のローソク足の始値あたり（Aのところ）でエントリーします。売値は82.64円。レートは82.52円まで下落しました。

Chapter4　スキャルピングの基礎力をつける25問

Q12　Aのところ（始値）でショート・エントリーできるでしょうか。

ヒント　ショート・エントリーのタイミングを見極める条件を思い出してみましょう。

ユーロ／円　5分足チャート

EURJPY,M5

矢印の位置
±2σ間
70.4pips

A12 エントリーできます。

ユーロ／円　5分足チャート

解　説

　レートは急落してセンターバンドが下向きに、ストキャスティクスも20パーセント以下になりました。＋2σと－2σの間は70.4pipsあります。そして、陽線を中心にして戻ってきました。これで条件1〜4を満たしています。その後、ストキャスティクスが80パーセント以上になり、センターバンドのところでローソク足が逆Ｖ字になりました。条件5と6も満たし、これですべての条件を満たしました。Ａのところでエントリーします。売値は119.509円。

Chapter 4 スキャルピングの基礎力をつける25問

Q13 Aのところで逆V字になりました。センターバンドを上抜けしていますが、エントリーできるでしょうか。

ヒント 上抜けした場合の条件を思い出してみましょう。

ポンド／円　5分足チャート

GBPJPY,M5

矢印の位置
±2σ間
100.6pips

A13 エントリーできます。

ポンド／円　5分足チャート

解説

　レートは大きく下落し、＋2σと－2σの間隔は100.6pipsになりました。スキャルピングに適した状況です。戻りは陽線7本でとてもきれいです。そして、センターバンドを少し上抜けしたあとに逆V字が出ました。このくらい上抜けしても問題ありません。逆V字が確定したローソク足の終値がセンターバンドを割っていればエントリーできます。売値136.286円。

　エントリーしたあと少し横ばいになりましたが、三角形を下に抜けて下落しました。

Chapter 4　スキャルピングの基礎力をつける25問

Q14 下の5分足チャートでショート・エントリーできるところが1ヵ所ありました。どこでエントリーできたか考えてみてください。

ヒント　ローソク足とセンターバンドが重なるところに注目してみましょう。

ユーロ／米ドル　5分足チャート

矢印の位置
±2σ間
37pips

A14 Aのところ。

ユーロ／米ドル　5分足チャート

解　説

　1のところまで下落したレートが戻り、ローソク足とセンターバンドが接触しているところは何ヵ所かありますが、すべての条件を満たしたのはAのところしかありません。

　Bのところも、直前でストキャスティクスが20パーセント以下になって逆V字が出ていますが、レートが大きく下落していないので条件1を満たしていません（結果としてはセンターバンドで反落していますが）。

　Aのところの売値は1.4219。その後、レートは1.4197まで上昇しました。

Chapter4　スキャルピングの基礎力をつける25問

Q15 下降していたレートがセンターバンドのところまで上昇し、Aのところで逆V字になりました。ショートでエントリーできるか考えてみてください。

ヒント ローソク足の形やストキャスティクスの数値に注目してみましょう。

ユーロ／円　5分足チャート

矢印の位置
±2σ間
47.8pips

A15 エントリーできません。

ユーロ／円　5分足チャート

解　説

　レートは下降してセンターバンドが下向き。ストキャスティクスも20パーセント以下になりました。＋2σと−2σの間は47.8pips。ユーロ／円の目安よりも広いので条件3を満たします。

　しかし、戻りのローソク足がごちゃついていて、ストキャスティクスも80パーセント以上になっていません。Aのところでローソク足が逆V字になっていますが、すべての条件を満たしていないので、エントリーできません。

　その後、レートは上昇しました。

Chapter4　スキャルピングの基礎力をつける25問

Q16 Aのところ（始値）でショート・エントリーできるでしょうか。考えてみてください。

ヒント ショート・エントリーのタイミングを見極める条件を思い出してみましょう。

ユーロ／円　5分足チャート

EURJPY,M5

矢印の位置
±2σ間
59.1pips

A16 エントリーできます。

ユーロ／円　5分足チャート

解　説

　レートは急落してセンターバンドが下向きに、ストキャスティクスも20パーセント以下になりました。＋2σと－2σの間は59.1pipsあります。そして、長い陽線2本で戻ってきました。これで条件1〜4を満たしています。その後、ストキャスティクスが80パーセント以上になり、センターバンドのところでローソク足が逆V字になりました。条件5と6も満たし、これですべての条件を満たしました。Aのところでエントリーします。売値は114.721円。

Chapter4 スキャルピングの基礎力をつける25問

Q17 Aのところ（始値）でショート・エントリーできるでしょうか。考えてみてください。

ヒント ストキャスティクスの数値に注目してみましょう。

米ドル／円　5分足チャート

矢印の位置
±2σ間
350.8pips

A17 エントリーできません。

米ドル／円　5分足チャート

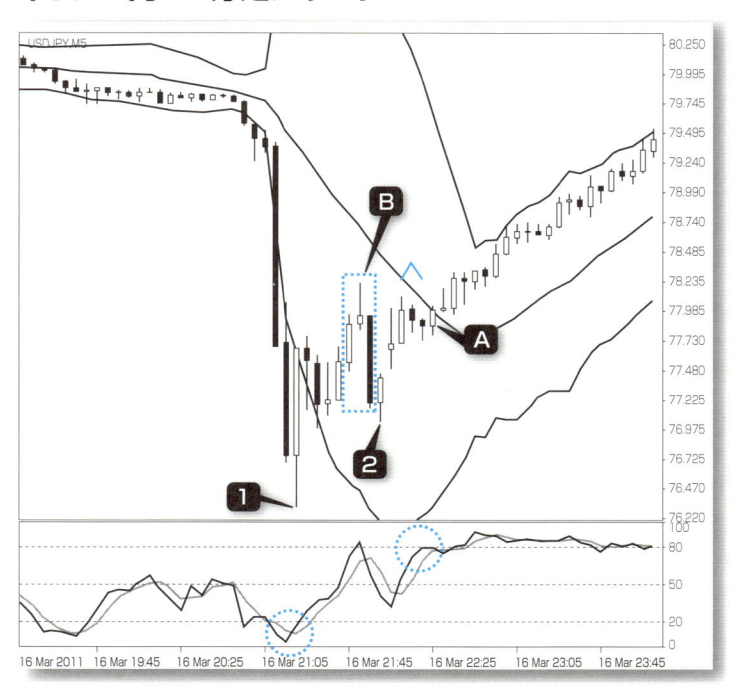

解　説

＋2σと－2σの間は350.8pipsもあります。ほかに問題はなさそうです。

しかし、ストキャスティクスはどうでしょうか。80パーセント以上になっていますが、これはBのところでできた逆V字の戻りです。つまり、Aのところではストキャスティクスが80パーセント以上になっていないのです（79.6パーセント）。そのため、ここはエントリーできません。

もし、80パーセント以上だとしても、1と2で安値を切り上げているので、あまりいい形ではありません。

Q18 Aのところ(始値)でショート・エントリーできるでしょうか。考えてみてください。

ヒント ローソク足の並びに注目してみましょう。

ポンド／円　5分足チャート

矢印の位置
±2σ間
42.3pips

A18 エントリーできません。

ポンド／円　5分足チャート

解　説

　＋2σと−2σの間は42.3pipsしかありません。この通貨ペアにしては狭いです。また、戻りのローソク足の並びがごちゃついています。そのため、このケースではエントリーできません。一見すると、センターバンドは下向きになっている、−2σからはみ出ている、ストキャスティクスも20パーセント以下になっているので、大きく動いているように見えます。しかし、それほど動いたわけではないのです。ポンド／円の動きからすると、下げ幅は小さいといえます。ボリンジャーバンドの形やストキャスティクスの数値だけに頼っていたのでは、なかなか勝てないでしょう。

Q19 下の5分足チャートでショート・エントリーできるところはどこか考えてください。

ヒント エントリーできるところは1ヵ所ではありません。

ユーロ／円　5分足チャート

上の矢印
±2σ間
81.4pips

下の矢印
±2σ間
76.6pips

A19　AとBの2ヵ所。

ユーロ／円　5分足チャート

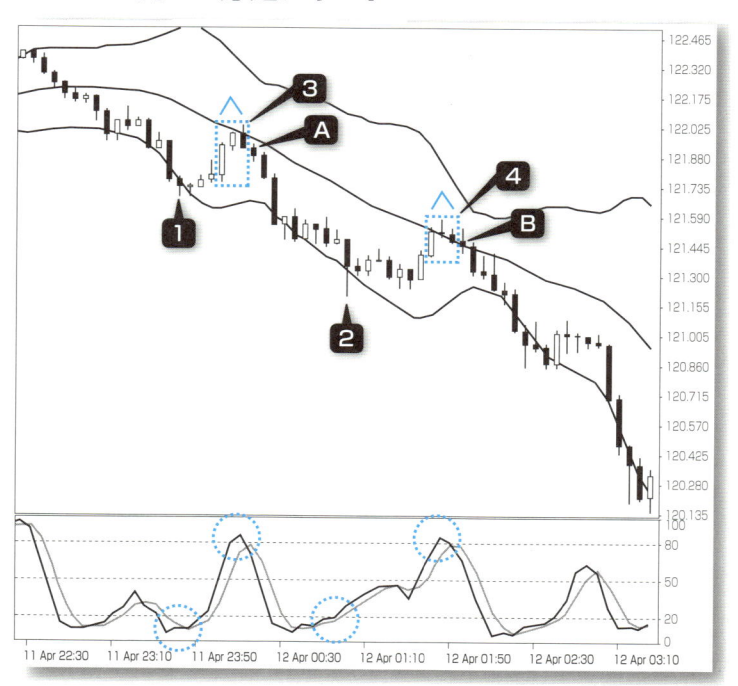

　＋2σと－2σの間はそれほど広がっていないように見えますが、1のところは81.4pips、2ところは76.6pipsあります。目安よりも広いので条件3を満たしています。

　逆V字を形成したローソク足は、Aのポイントは点線で囲った3のところ、Bのポイントは点線で囲った4のところです。3のほうは逆V字が少しわかりにくいと思います。

　Aの売値は121.926円、Bの売値は121.477円です。

Chapter4　スキャルピングの基礎力をつける25問

Q20 Aのところ(始値)でショート・エントリーできるでしょうか。考えてみてください。

> **ヒント** ＋2σと－2σの間隔に注目してみましょう。

ポンド／円　5分足チャート

矢印の位置
±2σ間
27.4pips

125

A20 エントリーできません。

ポンド／円　5分足チャート

解　説

　チャートを見ると、レートが下落し、ストキャスティクスも20パーセント以下になっているので、値動きはかなり大きくなっているように思えます。

　しかし、＋2σと－2σの間隔は27.4pipsしかありません。ポンド／円の動きからすると、値動きは小さいといえます。

　Aのあと、レートは下落していますが、6.1pipsしか下がっていません。スプレッドを考慮すると利食いできる下げ幅ではないのです。

　やはり、値動きが大きい状況でエントリーすることが大切です。

Chapter 4　スキャルピングの基礎力をつける25問

Q21　Aのところで、やや大きなポジションを建てました。
その理由を考えてみてください。

> **ヒント**　高値と安値の位置に注目してみましょう。

米ドル／円　5分足チャート

矢印の位置
±2σ間
36.7pips

127

A21 レジスタンスラインで反落したから。

米ドル／円　5分足チャート

解　説

　これは107ページでQ11として出題したものです。

　逆V字が確定したところの高値から水平にラインを引くとあることがわかります。

　1の安値、2の高値、そして逆V字確定の高値が繋がるのです。つまり、1と2でできたレジスタンスラインのところで反落して、エントリーの条件を満たしたということです。

　このようにレジスタンスラインで押し戻されたときは勝率が高くなるので、やや大きなロットでエントリーしてもよいでしょう。売値は82.64円。

Chapter4　スキャルピングの基礎力をつける25問

Q22　Aのところで条件1～6を満たしました。ショートでエントリーできるか考えてください。

ヒント　チャート・パターンに注目してみましょう。

ユーロ／円　5分足チャート

矢印の位置
±2σ間
54.3pips

129

A22 見送りが無難。

ユーロ／円　5分足チャート

解　説

　大きく下落してセンターバンドは下向き。ストキャスティクスは20パーセント以下がつづきました。下向きの流れが強いことを示しています。＋2σと－2σの間は54.3pips。戻りのローソク足も問題ないですし、ストキャスティクスも80パーセント以上になっています。すべての条件を満たしています。

　しかし、チャートの形をよく見ると、ダブルボトムになっています。こういった場合は下がりにくくなるので見送るか、ロットを小さくするか、ロスカットまでの値幅を狭くします。

Q23 Aのところで条件1～6までのすべてを満たしました。ロングでエントリーできるか考えてください。

> **ヒント** チャート・パターンに注目してみましょう。

ユーロ／円　5分足チャート

矢印の位置
±2σ間
45.2pips

A23 エントリーできる。

ユーロ／円　5分足チャート

解　説

　チャートをよく見ると、V字が形成される手前でダブルトップができています。しかし、下のほうにも小さいダブルトップができています。1のラインは元々、レジスタンスラインでしたが、レートが上に抜けたことでサポートラインに変わっています。

　V字はこのラインのサポートによってできたと判断し、エントリーできるという解答にしました。ただし、これが絶対に正解というわけではありません。下にサポートラインがあっても、上のダブルトップを嫌うというのであれば、見送りでも正解です。

Chapter4　スキャルピングの基礎力をつける25問

Q24 AのところでV字になりました。センターバンドを割っていますがエントリーできるでしょうか。

ヒント 割った場合の条件を思い出してみましょう。

米ドル／円　5分足チャート

A24 エントリーできません。

米ドル／円　5分足チャート

（チャート内注釈：V字確定足の終値がセンターバンドの下にある）

解　説

　V字がセンターバンドをこのくらい割っていてもかまいません。しかし、その場合はV字を確定させたローソク足の終値がセンターバンドを上抜けしていなければなりません。このケースでは終値がセンターバンドの下にあります。そのため、エントリーはできません。

　また、仮に終値がセンターバンドの上にあったとしても、三角形を下に抜けているので、下落する確率が高いです。そのため、ここは見送ったほうが無難です。

Chapter4　スキャルピングの基礎力をつける25問

Q25 週明けにAのところでV字ができました。ロングでエントリーできるでしょうか。

ヒント 条件を満たしているかどうかを考えてみましょう。

豪ドル／円　5分足チャート

AUDJPY,M5

矢印の位置
±2σ間
55.4pips

A25 エントリーできる。

豪ドル／円　5分足チャート

解　説

　週末に比べて大きく値を上げて寄りつきました。週末の終値が86.121円、週明けの始値が86.675円ですから、55.4pipsのギャップです。

　このように値が飛ぶことは週明けや経済指標発表のときにあります。状況としてはレートの動きがよくなっているので、スキャルピングには適しています。条件を満たしていれば、エントリーします。

　このケースでは条件をすべて満たしているので、エントリーします。買値は86.516円（スプレッド2銭）。

　なお、取引会社によってはこの時間帯に取引できないことがあります。

Chapter 5

勝率を上げるタイミングの判断力が身につく8問

1 長い時間軸のチャートで勝率の高いタイミングを見極める

長い時間軸のチャートをサブとして使う

　先述のとおり、条件を満たしたからといって、すべてエントリーするわけではありません。勝率が低いと思われるときは見送り、勝率が高いと判断したタイミングのときだけエントリーします。

　Chapter3では5分足チャートで、勝率の高さ・低さを見極めましたが、ここではより長い時間軸のチャートを使った方法を紹介します。

　本書では5分足チャートでエントリーのタイミングを見極めますが、それよりも長い時間軸のチャートをサブとして使います。

　たとえば、1時間足、4時間足、日足などです。できれば、これらのチャートにもボリンジャーバンドを表示しましょう。そのほうがレートの動きを捉えやすくなります。

長い時間軸でレートの方向を見極める

　専業トレーダーの多くは複数のチャートを見ています。

　たとえば、1台のモニターに複数のチャートを表示させたり、複数のモニターにそれぞれチャートを表示させています。

　私の場合、複数のモニターに複数のチャートを表示させています。

　これはいくつかの通貨ペアのレートを見ていることもありますが、主に1つの通貨ペアの複数の時間軸を見ているのです。

　それらを見るのはけっこう大変ですが、かなり有効なので見ています。

　より長い時間軸のチャートでレートが上昇しているのか、下降しているのかを見るだけでも、かなり有効です。

たとえば、日足、4時間足、1時間足のすべてで上昇している場合、レートの大きな流れは上向きですから、ロングでエントリーしたほうが有利になります。逆にすべてで下降している場合、レートの大きな流れは下向きですから、ショートでエントリーしたほうが有利になります。

このようなことを見るだけでも、勝率がちがってくるのです。

多くのトレーダーが意識するポイントで勝率を見極める

しかし、さらにトレードの勝率を上げるには、長い時間軸の上げ下げだけではもの足りません。多くのトレーダーが意識するポイントを見つけ、そのポイントに対してレートがどのような動きをするかで勝率を見極めます。

見極めのポイントとなるのは、以下の3つです。

1．高値・安値更新
2．センターバンドでの動き
3．チャートの形（フォーメーション）

これらのポイントと当日の5分足チャートの動きを見て、勝率が高いかどうかを見極めます。

勝率が高い状況と低い状況

どのような状況であれば勝率が高いか、または低いかということは、トレードの経験を積むことによって、徐々にわかってきます。ときには大きな利益を得たり、ときには大きな損失を出したりして、ということを繰り返しながらわかってくることなのです。

それでは、ロングとショート、それぞれの勝率が高い状況と低い状況を述べます。

図5-01　ロングの場合

ロングで勝率が高い状況

直近の高値

直近の高値を抜けて上昇している

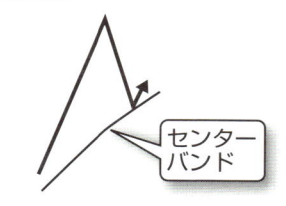

センターバンド

センターバンドでV字反転

レンジからの上抜け

三角形の鋭角からの上抜け

ロングで勝率が低い状況

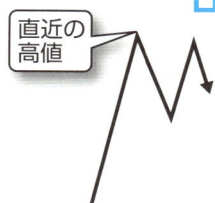

直近の高値

直近の高値の下で押し戻された

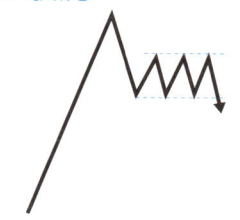

レンジからの下抜け

三角形の鋭角からの下抜け

ロングで勝率が高い状況
- **直近の高値を抜けて上昇している**
- **上昇していたレートが押してセンターバンドでV字反転**
- **レンジからの上抜け**
- **三角形の鋭角からの上抜け**

ロングで勝率が低い状況
- **直近の高値の下で押し戻された**
- **レンジからの下抜け**
- **三角形の鋭角からの下抜け**

　直近の高値やレンジは、レートの下にあればサポートになるので勝率が高くなり、上にあればレジスタンスになるので勝率が低くなります。三角形は鋭角部分から抜けたほうにレートが動いていくので、上に抜ければ勝率が高くなり、下に抜ければ勝率が低くなります。

ショートで勝率が高い状況
- **直近の安値を割って下降している**
- **下降していたレートが上昇してセンターバンドで押し戻される**
- **レンジからの下抜け**
- **三角形の鋭角からの下抜け**

ショートで勝率が低い状況
- **直近の安値の上で反発**
- **レンジからの上抜け**
- **三角形の鋭角からの上抜け**

　直近の安値はレートの上にあればレジスタンスになるので勝率が高くなり、レートの下にあればサポートになるので勝率が低くなります。レンジや三角

図5-02　ショートの場合

ショートで勝率が高い状況

直近の安値を割って下降している

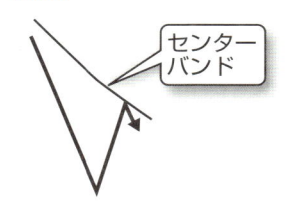

センターバンドで押し戻される

レンジからの下抜け

三角形からの下抜け

ショートで勝率が低い状況

直近の安値の上で反発

レンジからの上抜け

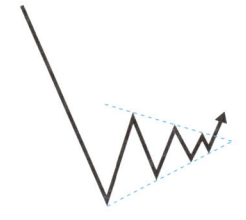

三角形からの上抜け

形からの下抜けは下降する力が強くなるので勝率が高くなり、上抜けは上昇する力が強くなるので勝率は低くなります。

また、5分足と同様に、下降していたレートがセンターバンドで押し戻されると下がりやすくなるので勝率が高くなります。

なぜ直近の高値・安値に注意するのか

長い時間軸のチャートを見るときは、目立つ高値・安値にも注意しましょう。とくに注意しなければならないのは以下の3つです。

- **直近でできた高値・安値**
- **最高値・最安値**
- **ほぼ同じ水準にある複数の高値・安値**

この水準には、サポートラインやレジスタンスラインとして、多くのトレーダーが意識するところです。

ロングの場合、レートがレジスタンスラインのすぐ下にあるときは注意が必要です。

ラインの近辺でレートが押し下げられる可能性があるので、その状況でエントリーの条件を満たしても、見送るかロットを小さくします。

しかし、レートがレジスタンスラインで絶対に押し戻されるというわけではありません。押し戻されることがあるので注意が必要ということです。とうぜん、ラインを上抜けすることもあります。

レートがレジスタンスラインを抜けると状況は変わります。レジスタンスラインだったところが今度はサポートラインに変わるのです。つまり、下からの支えになり、ロングが有利になるわけです。状況によっては、ロットを大きくしてエントリーしてもよいでしょう。

ショートの場合、レートがサポートラインのすぐ上にあるときは注意が必要です。

ラインの近辺でレートが押し上げられる可能性があるので、その状況でエントリーの条件を満たしても、見送るか、ロットを小さくします。
　しかし、レートがサポートラインを割ると状況は変わります。
　サポートラインだったところが今度はレジスタンスラインに変わります。つまり、上からの押さえになるので、ショートが有利になります。
　状況によっては、ロットを大きくしてエントリーしてもよいでしょう。
　このように、レートの位置によってラインの性質が変わり、有利なポジションも変わるので注意してください。

　このほかにも勝率が高い状況、勝率が低い状況というのはいくつもあります。トレンドラインもその1つです。トレンドラインは勝率を見極めるのにかなり有効であり、多くのトレーダーが使っています。ただし、ラインの引き方が難しいのですが、機会があれば、勉強してみてください。

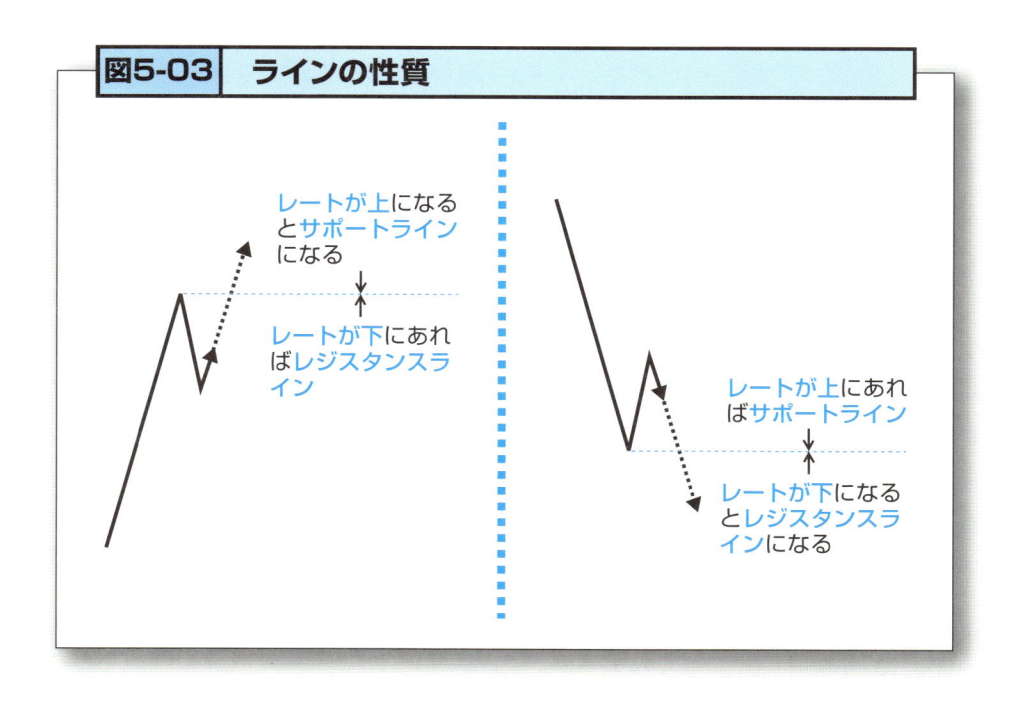

図5-03　ラインの性質

- レートが上になるとサポートラインになる
- レートが下にあればレジスタンスライン
- レートが上にあればサポートライン
- レートが下になるとレジスタンスラインになる

長い時間軸のチャートを見るポイント

　ここからは長い時間軸のチャートと5分足チャートを使った演習問題を解いてください。

　長い時間軸のチャートを見るときのポイントについては、ここまでの説明で理解できたことと思います。

　演習問題は、チャート・パターンとサポート・レジスタンスラインを中心に出します。

　まずは問題ページで、時間を確認してください。長い時間軸のチャートと5分足チャートに引いた縦の点線は同じ時間です。

　その時間を確認したあとに、長い時間軸のチャートで状況を把握し、5分足チャートでエントリーの条件を満たしたときに、どう対応するかを判断してください。

　なお、問題ページの5分足チャートと長い時間軸のチャートに引いたタテの点線は同時刻を示しています。

Q01 Aのところでロットを大きくしてエントリーしました。
その理由を考えてみてください。

ポンド／円　5分足チャート

Chapter**5** 勝率を上げるタイミングの判断力が身につく8問

> **ヒント** 4時間足にチャート・パターンができないか考えてみましょう。

ポンド／円　4時間足チャート

A01 4時間足にできたダブルトップのネックラインの下のタイミングだから。

ポンド／円 5分足チャート

解　説

　あまりきれいな形ではありませんが、4時間足チャートにダブルトップができています。右ページの4時間足チャートに引いた点線（137.886円）がそのネックになります。ここを割ると下降トレンドになる確率が高いです。

　5分足を見ると、ネックのラインの下で、ショート・エントリーの条件を満たしました。

　4時間足の形から、ここは下がる確率が高いと判断し、ロットを大きくしました。売値は137.46円です。

ポンド／円 4時間足チャート

- 1と2をトップにしたダブルトップができる。
- ネックラインは137.886円。
- ネックラインを割ると、下がる確率が高くなる。

Q02 Aのところでロットを大きくしてエントリーしました。
その理由を考えてみてください。

ポンド／円　5分足チャート

Chapter5 勝率を上げるタイミングの判断力が身につく8問

> **ヒント** ローソク足とセンターバンドの位置関係に注目しましょう。

ポンド／円　4時間足チャート

A02 4時間足のセンターバンドのところで逆V字ができたから。

ポンド／円　5分足チャート

解　説

　4時間足を見ると、センターバンドのところで逆V字ができています。あまりきれいな戻りではありませんが、長い時間軸ではエントリーのタイミングを直接見極めるわけではないので、それほど神経質になる必要はありません。また、他の条件についても満たしたかどうかは関係ありません。

　4時間足で逆V字ができたあと（ブルーのラインより右）、5分足でもショート・エントリーの条件を満たしました。4時間足の形から、ここは下がる確率が高いと判断し、ロットを大きくしました。売値は136.274円です。

ポンド／円　4時間足チャート

- 4時間足で逆V字ができる。
- 元の流れ（下降）に戻ると判断。

Q03 Aのところでロットを大きくしてショート・エントリーしました。その理由を考えてみてください。

ユーロ／円　5分足チャート

Chapter5　勝率を上げるタイミングの判断力が身につく8問

> **ヒント**　4時間足のどこかに三角形ができます。

ユーロ／円　4時間足チャート

A03　4時間足で三角形の鋭角を下抜けしたから。

ユーロ／円　5分足チャート

解　説

　4時間足を見ると、大きな三角形ができています。この三角形の鋭角を抜けたほうと同じ方向でトレードしたほうが有利です。上に抜ければロング、下に抜ければショートです。このケースで下に抜けました。

　そのラインを下に抜けたあと、5分足チャートのAのところでショート・エントリーの条件を満たしました。ここは下がる確率が高いと判断し、ロットを大きくしました。売値は120.018円です。

ユーロ／円　4時間足チャート

- 4時間足に大きな三角形ができる。
- 1のところは120.274円。
- 1のところを割ると下がる確率が高くなる。

Q04 Aのところでロットを大きくしてショート・エントリーしました。
その理由を考えてみてください。

ユーロ／円　5分足チャート

Chapter5　勝率を上げるタイミングの判断力が身につく8問

> **ヒント**　4時間足のどこかに三角形ができます。

ユーロ／円　4時間足チャート

A04 4時間足で三角形を下抜けしたから。

ユーロ／円　5分足チャート

解　説

　4時間足を見ると、大きな三角形ができています。これは155ページの問題で引いた2本のラインに水平のサポートラインを1本を描き加えてできた三角形です。レートはこの三角形を下に抜けました。ここは下への流れが強くなると考えられます。

　その後、5分足チャートのAのところでショート・エントリーの条件を満たしました。ここは下がる確率が高いと判断し、ロットを大きくしました。売値は118.368円です。

ユーロ／円　4時間足チャート

- 4時間足に大きな三角形ができる。
- 1のところで三角形の底辺を割る。
- 下がる確率が高くなる。

Q05 Aのところでロットを大きくしてロング・エントリーしました。
その理由を考えてみてください。

ポンド／円　5分足チャート

Chapter5 勝率を上げるタイミングの判断力が身につく8問

> **ヒント** 1時間足のどこかにレジスタンスラインができます。

ポンド／円　1時間足チャート

A05 1時間足でレジスタンスラインを上抜けしたから。

ポンド／円　5分足チャート

(チャート中のラベル: レジスタンスライン、A)

解説

　1時間足を見ると、136.10円のあたりにレジスタンスラインができています。そのラインを上に抜けたため、上への流れが強くなると考えられます。

　5分足チャートを見ると、1時間足でできたラインで弾んだあとにAのところでロング・エントリーの条件を満たしました。

　これはレートがレジスタンスラインを抜けると、そのラインはサポートラインに変わるためです。このケースではそのサポートラインで弾んだわけです。

　ここは上がる確率が高いと判断し、ロットを大きくしました。買値は136.181円（スプレッド2銭）です。

ポンド／円　1時間足チャート

- 1時間足にレジスタンスラインができる。
- 1のところでレジスタンスラインを抜ける。
- 上がる確率が高くなる。

Q06 Aのところでロットを大きくしてショート・エントリーしました。
その理由を考えてみてください。

豪ドル／円　5分足チャート

Chapter5　勝率を上げるタイミングの判断力が身につく8問

ヒント 4時間足のどこかにレンジができます。

豪ドル／円　4時間足チャート

A06 4時間足でレンジを下抜けしたから。

豪ドル／円　5分足チャート

解説

　4時間足を見ると、レンジができています。そのラインを下に抜けました。これでレートは下への流れが強くなると考えられます。

　5分足チャートを見ると、4時間足で下抜けしたラインで反落し、Aのところでショート・エントリーの条件を満たしました。これはレートがサポートラインを抜けると、そのラインはレジスタンスラインに変わるためです。このケースではそのレジスタンスラインで反落したわけです。

　ここは下がる確率が高いと判断し、ロットを大きくしました。売値は88.606円です。

豪ドル／円　4時間足チャート

- 4時間足にレンジができる。
- 1のところでレンジを割る。
- 下がる確率が高くなる。

Q07 Aのところでロットを大きくしてショート・エントリーしました。
その理由を考えてみてください。

米ドル／円　5分足チャート

Chapter5 勝率を上げるタイミングの判断力が身につく8問

> **ヒント** 最高値近辺のフォーメーションに注目してみましょう。

米ドル／円　4時間足チャート

A07 4時間足にできたダブルトップのネックを割ったから。

米ドル／円　5分足チャート

解　説

　4時間足を見ると、ダブルトップができています。そのネックラインを3のところで割りました。これでレートは下への流れが強くなると考えられます。

　5分足チャートを見ると、丁度、4時間足のネックラインの下で反落し、Aのところでショート・エントリーの条件を満たしました。

　ここは下がる確率が高いと判断し、ロットを大きくしました。売値は84.505円です。

　ダブルトップの形はあまりきれいとはいえませんが、逆にきれいにできることのほうが少ないのです。

Chapter5 勝率を上げるタイミングの判断力が身につく8問

米ドル／円　4時間足チャート

- 1と2をトップにしたダブルトップができる。
- ネックラインは84.581円。
- ネックラインを割ると下がる確率が高くなる。

Q08 5分足チャートのAのところでロットを大きくしてショート・エントリーしました。その理由を考えてみてください。

豪ドル／円　5分足チャート

| ヒント | ほぼ平行な斜めのラインが引けるところを探してみましょう。 |

豪ドル／円　4時間足チャート

A08 4時間足にできた斜めのレンジを割ったから。

豪ドル／円　5分足チャート

解　説

　4時間足を見ると、斜めのレンジ（傾斜チャネル）ができています。その下のラインをBのところで割りました。これでレートは下への流れが強くなると考えられます。

　5分足チャートを見ると、4時間足のラインを割ってから、Aのところでショート・エントリーの条件を満たしました。ここは下がる確率が高いと判断し、ロットを大きくしました。売値は88.535円です。

　このようなレンジはよくあるので、どこにラインが引けるかつねに考えながらトレードしましょう。

Chapter5　勝率を上げるタイミングの判断力が身につく8問

豪ドル／円　4時間足チャート

- 1と2、3と4を結んだラインでレンジができる。
- Bのところでレンジを下に抜ける（89.069円）。
- レンジを下に抜けると下がる確率が高くなる。

Chapter 6

リスク管理力がしっかり身につく8問

1 「値動きは予測できない」ということを前提にする

リーマン・ショックで外れた予測

　レートの動きを正確に予測できるという人はいないでしょう。
　私は株式も含めてトレード歴が長いですが、為替レートや株価の動きを正確に予測することはできません。
　「そろそろ天井（最高値）になるだろう」
　「このくらいで下げ止まるだろう」
　そう思っていても、そこからさらに上がったり、下がったりすることはよくあります。ときには予測をはるかに越えるようなこともあります。

図6-01　値動きの予測は難しい

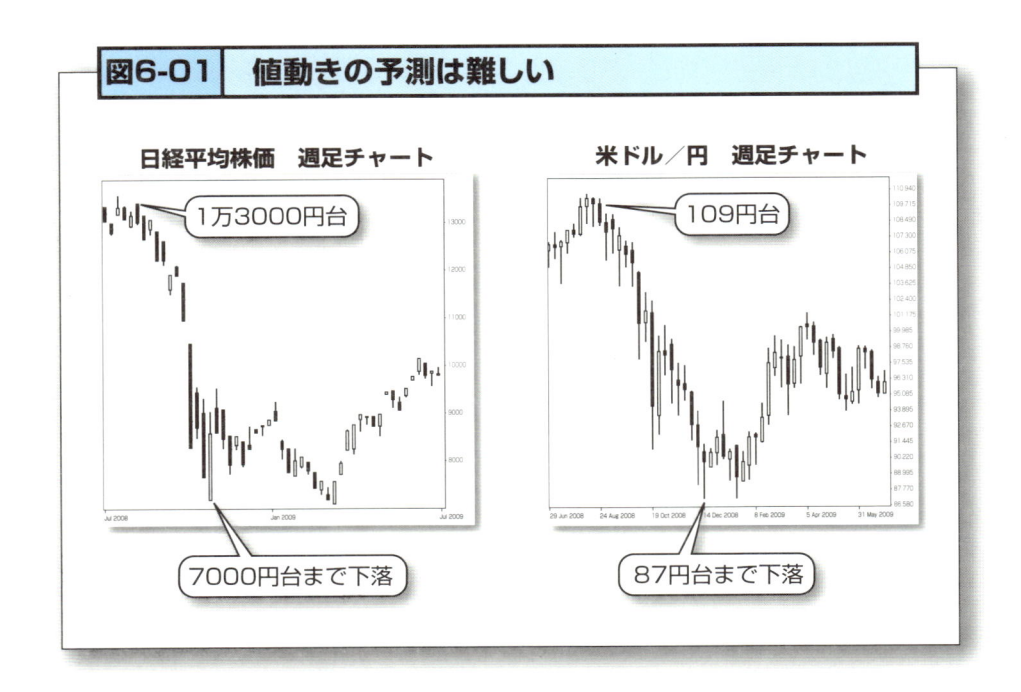

日経平均株価　週足チャート
- 1万3000円台
- 7000円台まで下落

米ドル／円　週足チャート
- 109円台
- 87円台まで下落

リーマン・ショック（2008年9月）のときもそうでした。

なんとなくですが、日経平均株価の動きを見て、「1万円くらいで下げ止まるだろう」、米ドル／円の動きを見て、「100円か、よほどのことがあっても95円くらいで下げ止まるだろう」と思いました。しかし、実際には、日経平均株価は7000円台、米ドル／円は87円台まで下落。予測は大きく外れたわけです。これは、私にかぎったことではありません。ほとんどの投資家は、投資歴にかかわらず、値動きを正確に予測することはできないのです。

- **値動きはそう簡単にわからない。**
- **予測を大きく越えた値動きをすることもある。**

このことを前提にしてトレードすることが大切です。

それがトレードで勝つコツの1つであり、また、マーケットで生き残るコツなのです。

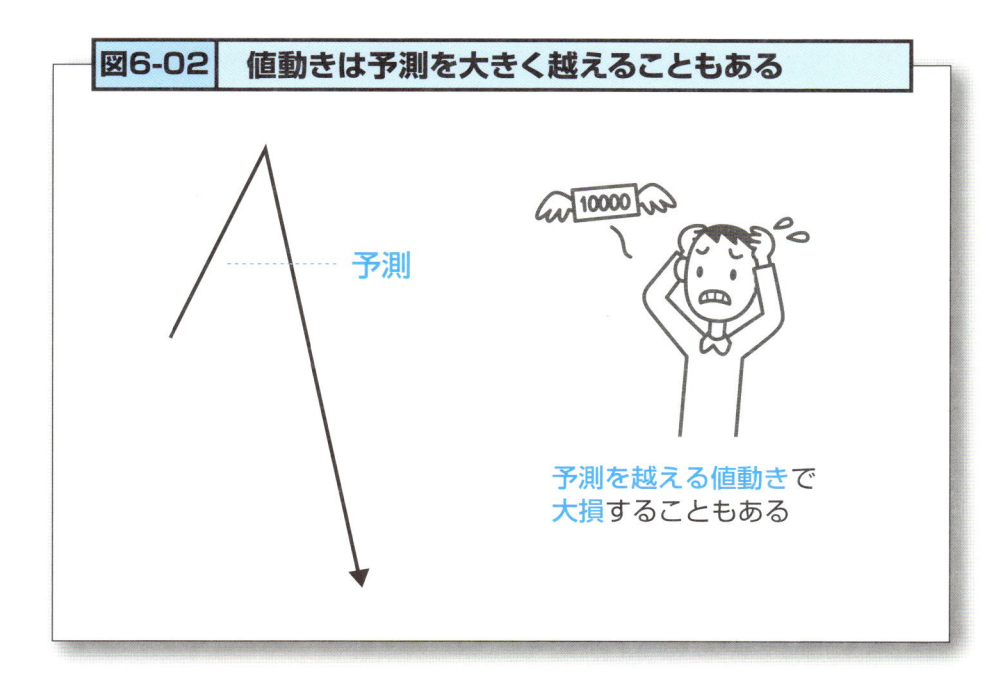

図6-02　値動きは予測を大きく越えることもある

予測

予測を越える値動きで大損することもある

2 リスク管理で資産を守る

損失額が膨らみつづける最悪の状況

　どんなに優れた手法でも、すべてのトレードで利益を出すことはできません。損失が出るトレードもあるはずです。
　では、建てたポジションに含み損が出た場合、どのようにすればよいのでしょうか。
　「どうせ、すぐにレートが戻るからそのままにしておけばいい」
　そう思った人もいることでしょう。実際、このように含み損が出たポジションをそのままにしておく人はたくさんいます。
　たしかに、レートは上がったり下がったりを繰り返しています。だから、含み損が出てもそのままにしておけばレートが戻り、含み損がなくなることもよくあります。
　うまくいけば、含み損がなくなるどころか、含み益が出ることもあるわけです。
　たとえば、83円でロングのポジションを建てて、それが82円まで下がり、1円分の含み損が出たとします。
　それでも、イグジットしないで、そのままにしておけば、レートが83円に戻って含み損がなくなる。
　そして、うまくいけば、84、85、86円……というように上がり、含み益が出るということもあるのです。
　しかし、その逆になることもあります。
　83円でロングのポジションを建てたあとに82円まで下がった。先ほどはここから戻りましたが、今度は戻らず、さらに下落。81、80、79円……というように下落しました。

このままにしておくと、損失額がいくらになるかわかりません。

先述のとおり、「値動きは簡単にわからない。予測を大きく越えた動きをすることもある」のですから、損失額がいくらになるのかもわからないということです。

資産を失わないためにやるべきこと

どこまで上がるか、どこまで下がるかわからない。

そんな危ない取引に手を出している。

そのことを理解していない投資家がたくさんいます。いや、むしろ、ほとんどの人が理解していないでしょう。読者のみなさんもそうでしょう。

FXでは、たった1回のトレードで、大きな損失を出してしまうこともあるのです。実際、1回のトレードで資産のほとんどを失った人はたくさんいます。

FXは簡単に口座を開設でき、簡単にトレードを始められますが、じつは大変リスクのある取引なのです。

そのことをよく理解したうえで、資産を失わないためにやるべきことがあります。それはリスク管理なのです。

3 ナンピンとはどのような取引なのか

含み損が出たとき、ナンピンをする投資家が多い

　建てたポジションに含み損が出たら、なにもしないのは危険。リスクが拡大することもあります。

　なんらかのアクションをとる必要があります。

　その際、ナンピンをする人がたくさんいるようです。

　ナンピンとは、何回かに分けてポジションを建てること。

　たとえば、はじめに85円で1万通貨のロング・ポジションを建てたとします。

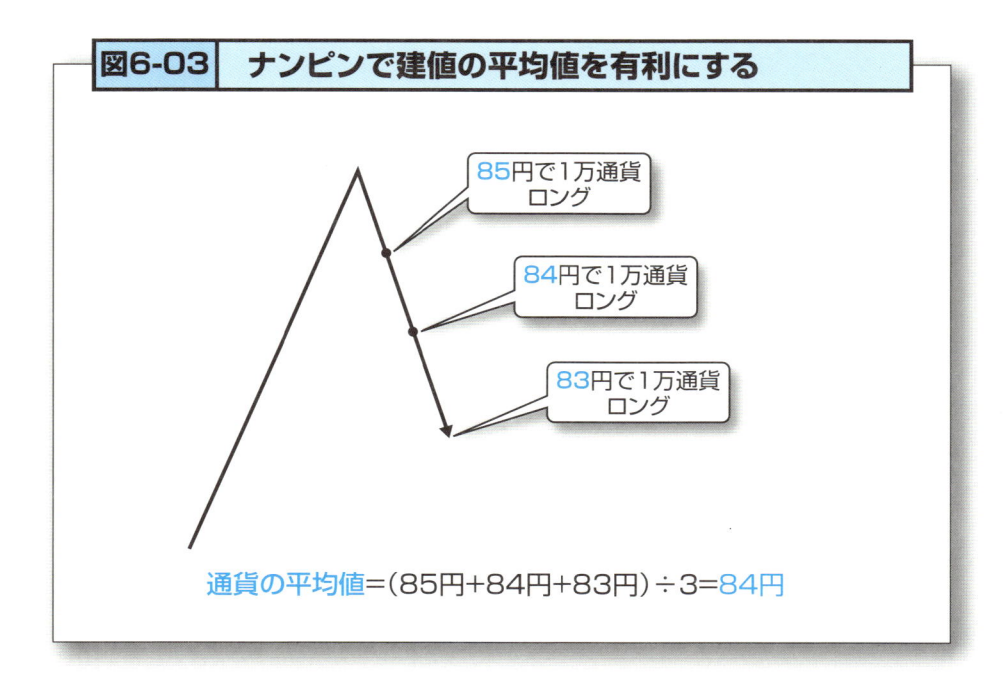

図6-03　ナンピンで建値の平均値を有利にする

- 85円で1万通貨ロング
- 84円で1万通貨ロング
- 83円で1万通貨ロング

通貨の平均値＝(85円＋84円＋83円)÷3＝84円

その後、レートは84円まで下がりました。ここでロング・ポジションをもう1万通貨建てます。
　そして、さらに下落し、レートが83円になりました。ここでもロング・ポジションを1万通貨建てます。
　これまでの合計は3万通貨。建値の平均値は84円です。
　こういった取引をナンピンといいます。このようにレートが下がるごとに買い増ししていくのを「ナンピン買い下がり」といい、レートが上がるごとに売り増ししていく取引を「ナンピン売り上がり」といいます。
　含み損が出たときに、このような取引をする投資家が多いのです。

ナンピンは建値の平均値を有利にできる

　ナンピンをするのには理由があります。
　それはナンピンをすることによって、建値の平均値を有利にできるからです。
　前での例では建値の平均値が84円。現時点のレートは83円ですから、ここから1円上がれば含み損がなくなります。
　もし、回数を分けないでポジションを建てていたら、どうなったでしょうか。
　85円で3万通貨のロング・ポジションを建てていたら、ここから2円上がらないと含み損がなくならないのです。
　たった1円ですが、この差は大きいです。
　このようにナンピンをすることで建値の平均値が有利になるのです。
　だから、トレーダーはナンピンをするのです。
　実際、効果はあります。
　私は株のトレードですが、ナンピンによって大きな利益を得たことがあります。ロングでもショート（カラ売り）でも儲けました。
　一時は、これといった手法がなくても、ナンピンだけで順調に資産を増やすことができました。
　私以外にも、株やFXのトレードで、ナンピンによって資産を増やした人はたくさんいます。とくに、FXのトレーダーに多いようです。

通貨の値動きというのは一定の値幅の間を行き来することが多いのです。
　たとえば、85円から83円まで下がったが、また85円に戻った。そして、再び83円まで下がった、というように、レンジの中を上下に動くことが多いのです。
　また、上昇するにしても、下降するにしても、一方向にずっと動くことはありません。上がったり下がったりを繰り返しながら、どちらか一方向に動いていきます。
　このように、レートが上下に動くことが多いので、ナンピンをするとうまく利益を出せることが多いのです。

4 ナンピンのリスクを理解する

ナンピンが裏目に出たらどうなるか？

　この例のように、はじめから「全部で３万通貨。レートが１円下がるごとに１万通貨ずつナンピンする」と決めていれば、トレード戦略の１つといえるでしょう。

　しかし、ほとんどの人は決めていません。

　はじめに３万通貨のポジションを建て、値下がりして含み損が出たから、仕方なく、もう３万通貨のポジションを建てるというようなナンピンをします。

　そこからさらに下がれば、もう３万通貨というようにポジションを大きくしていきます。

　これでレートが戻れば含み損がなくなり、うまくいけば含み益が出るでしょう。

　しかし、その逆もあるわけです。先ほどの「このことを前提にしてトレードをすること」と述べた２つのことを思い出してください。

　私は、レートの動きを予測するのは難しい、レートは予測を大きく越えた動きをする、と述べました。

　だから、「もう少しで反発する」と思ってナンピンをしても、その予測を越えて大きく下がることもあるのです。

　そうなれば、ポジションを大きくした分、大きな損失が出てしまいます。

　たとえば、前出の例でいえば、85円、84円、83円でロングのポジションを建ててナンピンをしたとします。その後、レートが上がれば含み損がなくなるのですが、逆のこともあり得ます。レートが83円で下げ止まらず、さらに下がることもあるわけです。82円、81円、80円……どこで下げ止まるかということは予測できないのです。

もし、予測を越えて下がれば、大きな損失が出てしまいます。
　実際、私の身近にリーマン・ショックのときにナンピンをして大きな損失を出した人がいます。その人は上昇による利益とスワップポイントによる利益でかなり儲けていたのですが、その儲け分をすべて吐き出し、さらに大きな損失を出してしまったのです。

大きな損失を出さないために、ナンピンはしないこと

　このようにナンピンをすることで大きなリスクが発生することがあります。
　しかし、それでもナンピンをする投資家がたくさんいます。
　それは、「建てたポジションで損失を確定させたくない」という気持ちからです。
　誰でも損をするのは嫌でしょう。儲けられると思ってエントリーしたのに損が出るのは受け入れられないという気持ちがあります。

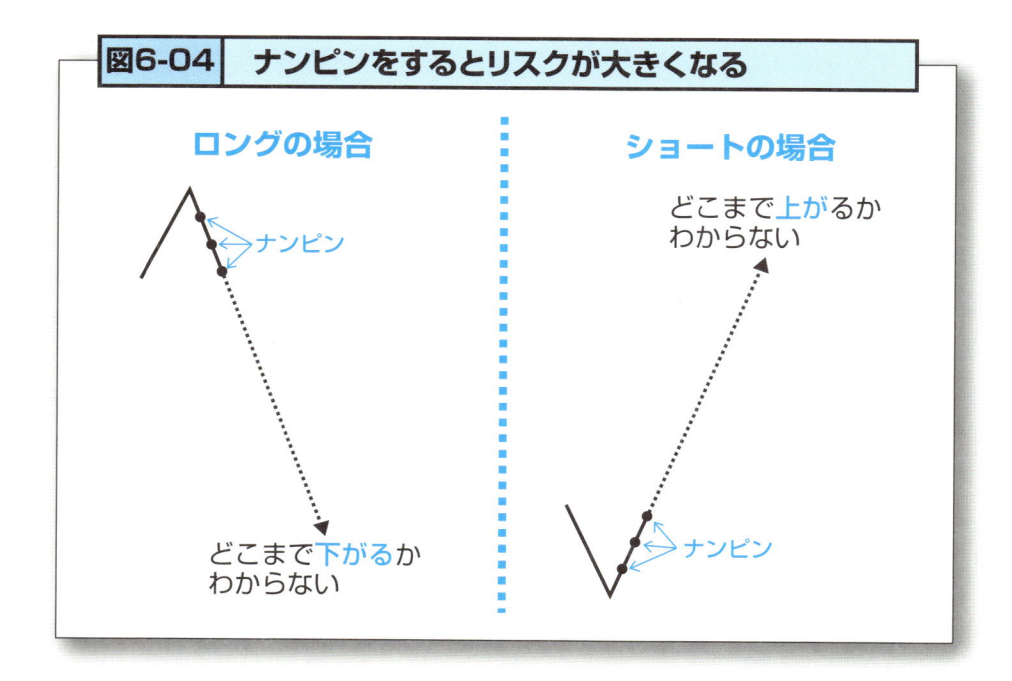

図6-04　ナンピンをするとリスクが大きくなる

ロングの場合　　　　　　ショートの場合

ナンピン　　　　　　　　どこまで上がるかわからない

どこまで下がるかわからない　　　ナンピン

しかも、スプレッドというコストを払っているのですから、その分がもったいないという気持ちもあります。
　だから、ナンピンでなんとかしようと思うのです。
　はじめのうちは恐る恐るポジションを増やしていくのですが、何回かナンピンをして成功すると、含み損が出たときに、ついやってしまいます。クセのようになっているトレーダーもいます。
　かつて、私もそうでした。しかし、痛い目にあってからはナンピンをしていません。
　また、他の投資家にもすすめていません。
　大きな損失を出さないためにも、ナンピンはしないことです。

5 含み損が出たポジションはロスカットする

ロスカットとはどのような取引なのか

　建てたポジションに含み損が出た場合、そのままにしておくのはダメ、ナンピンもダメ。

　では、どうすればよいのでしょうか。

　それはロスカットです。

　ロスカットとは損切りのこと。損失が出ているポジションを決済し、損失額を確定させることをいいます。

　たとえば、84.50円でロングのポジションを建てたとします。その後、レー

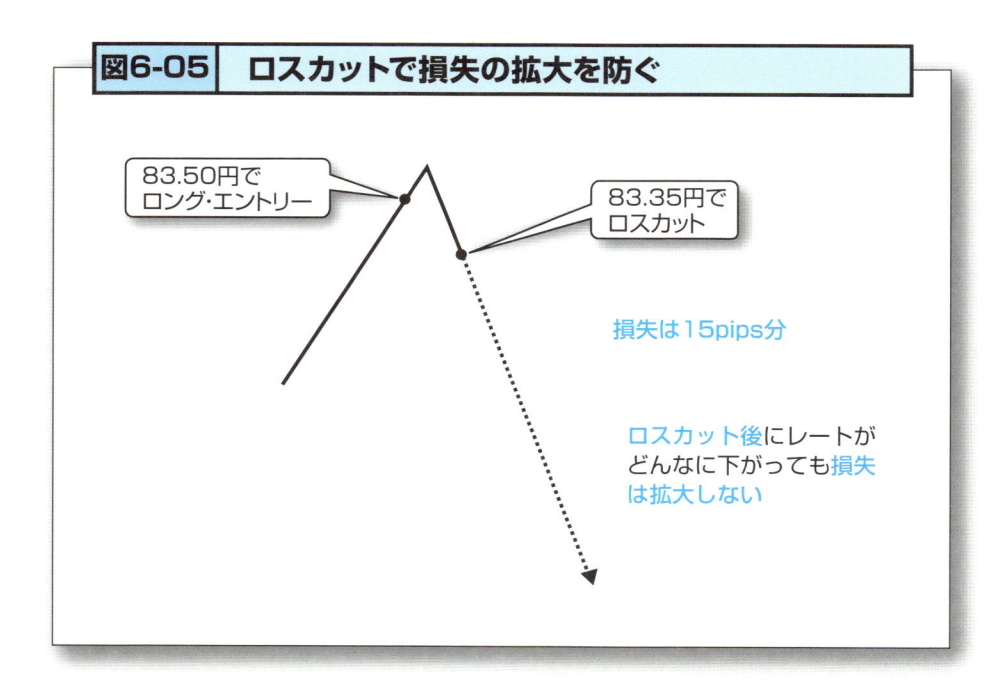

図6-05　ロスカットで損失の拡大を防ぐ

- 83.50円でロング・エントリー
- 83.35円でロスカット
- 損失は15pips分
- ロスカット後にレートがどんなに下がっても損失は拡大しない

トが下がり、84.35円になりました。ここでポジションを売って決済します。損失は15pips分（15銭）です。

勝っているトレーダーはロスカットが上手い

このように決済することで、損失額をコントロールするのです。自分が受け入れられる損失分だけ受け入れる。自分が受け入れられる損失分を超えそうになったら、決済するわけです。

ロスカットをすれば、そのあとにレートがどんなに下がっても、すでにポジションを持っていないので損益には関係ありません（損失が拡大することはありません）。

ＦＸでも株でも同じですが、短期スパンのトレードで長期間にわたってコンスタントに儲けている人はロスカットが上手です。というよりも、ロスカットができて当たり前。ロスカットがきちんとできるから、長期間にわたって利益を出しつづけることができるのです。

もちろん、私も含み損が出たポジションはロスカットしています。以前は勝ちへのこだわりが強すぎて、なかなか決済できませんでしたが、最近ではなにも考えず、ほとんど反射的に注文を出してロスカットしています。

ロスカットはトレードの経費

ロスカットするについて、「負けを認める行為」「エントリーの失敗を認める行為」というような考え方をしてしまうと、やりにくくなってしまいます。そうではなく、「経費」と考えましょう。

トレードでは勝ったり、負けたりを繰り返します。とうぜん、損失が出るときもあるわけです。トレードをするかぎり、この負け分は絶対に発生するわけですから、その損失分をトレードにかかる経費と考えるのです。スプレッドとしてかかる経費と同じようなものです。

そうすれば、負けを認めると考えるよりも、ロスカットがしやすくなります。

6 ロスカットのタイミングを決めておく

ロスカットのタイミングは自分で決める

　では、どのタイミングでロスカットすればよいのでしょうか。
　これについては、トレーダーによってことなります。
　たとえば、同じスキャルピングでも、5pipsを狙うトレードをしている人と15pipsを狙うトレードをしている人では取れるリスクがことなるからです。5pipsを狙うようなトレードをしている人は、小さい値幅でロスカットしなければなりません。15pipsを狙うトレードをしている人は、それほど小さな値幅でなくてもいいでしょう。
　また、高レバレッジでトレードをしている人と低レバレッジでトレードをしている人でも、取れるリスクがことなります。高レバレッジでトレードしている人は、小さな値幅でロスカットしなければなりません。低レバレッジでトレードしている人は、それほど小さな値幅でなくてもよいわけです。
　このように、各自の条件によって、取れるリスクがことなるので、ロスカットのタイミングについては、自分で考えて決めなければなりません。

6つのタイミングの決め方

　一般的にロスカットのタイミングは、以下の6つのどれかで決めます。

1. **値幅（含み損のpips）**
2. **金額（含み損の額）**
3. **騰落率（建値からの騰落率）**
4. **テクニカル指標**

5．チャート・パターン（チャートの形）
6．相場の雰囲気（経験によるカン）

　値幅で決める場合は、「建値から何pips分の含み損が出たらロスカットする」というようにします。
　たとえば、「建値から5pips下がったらロスカット」「建値から10pips上がったらロスカット」というように決めるわけです。
　金額で決める場合は、「含み損がいくらになったらロスカットする」というようにします。
　たとえば、「含み損が3万円になったらロスカット」「含み損が10万円になったらロスカット」というように決めるわけです。
　騰落率で決める場合は、「建値に対して何パーセント動いたらロスカットする」というようにします。
　たとえば、「建値から0.3パーセント下がったらロスカット」「建値から0.5パーセント上がったらロスカット」というように決めるわけです。
　テクニカル指標で決める場合は、数値や形で決めます。
　たとえば、「ストキャスティクスの数値が20パーセントを割ったら」「センターバンドが上向きになったら」というように決めるわけです。
　チャート・パターンで決める場合は、チャートの形や高値・安値をポイントにして決めます。
　たとえば、「ダブルトップになったらロスカット」「この高値を上抜けしたらロスカット」というように決めるわけです。これについてはあとで詳しく述べます。
　相場の雰囲気によって決める場合は、相場の変化を捉えて決めます。
　たとえば、「買いがつづかないようだからロスカット」というように決めるわけです。
　とくに根拠がない場合もあります。カンに頼るところが大きいのですが、なぜか勝っているトレーダーの多くは、この「雰囲気」によるロスカットをしています。

トレードが上手くなるまでは値幅か金額でロスカット

　ほとんどのトレーダーは値幅か金額でロスカットのタイミングを決めているようです。

　タイミングがわかりやすいからでしょう。

　騰落率で決めている人はあまりいません。株トレードでは多いのですが、FXではレートのケタが多いので計算が面倒だからでしょう。とくにスキャルピングでは、エントリーしてからイグジットまでの時間が短いので、細かな計算をしている余裕がありません。

　チャート・パターンで決めている人はテクニカルなトレードをしている人に多いです。

　私がすすめるのは、値幅か金額です。

　そして、トレードが少し上達したらチャート・パターンによるロスカットも試してみてください。コンスタントに利益を出せるようになったら、雰囲気によって決めてもいいでしょう。

7 トレードが上達したらやってみるロスカット

テクニカル指標でロスカットのタイミングを決める

　テクニカル指標を使って、ロスカットのタイミングを決めることもできます。
　どのテクニカル指標でもよいのですが、一目でタイミングを見極められるものがよいでしょう。
　おすすめするのは、ボリンジャーバンドの±1σを目安にする方法です。エントリー後、レートが±1σを抜けたら、その時点でロスカットします。

- ロング・ポジションの場合……－1σを下抜けしたら
- ショート・ポジションの場合……＋1σを上抜けしたら

図6-06　±1σでロスカット

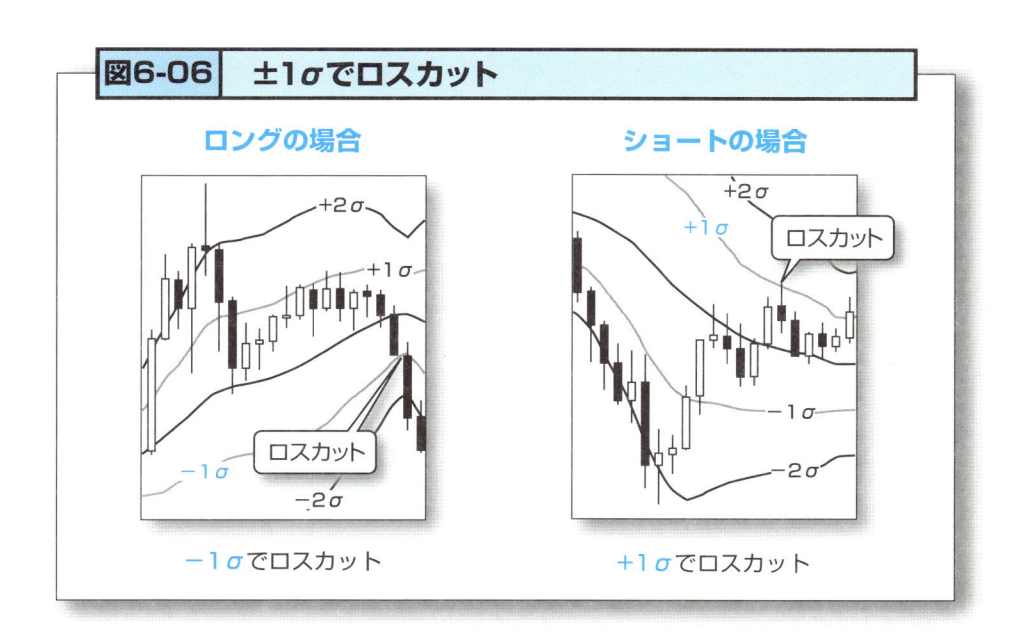

ロングの場合　　　　　　**ショートの場合**

－1σでロスカット　　　　　＋1σでロスカット

チャートの形でロスカットのタイミングを決める

次に、チャート・パターンでロスカットのタイミングを決めるやり方について説明しましょう。

ロング・ポジションとショート・ポジションによってポイントはちがいますが、考え方は同じです。ロングの場合はレートがポイントを割ったら、ショートの場合はポイントを抜けたらロスカットします。

ロング・ポジションの場合
1．直近の安値を割ったら
2．ダブルトップ（またはトリプルトップ）ができたら
3．三角形（トライアングルやフラッグ）の鋭角を下に抜けたら
4．レンジ（ボックス）を下に抜けたら

基本は直近の安値によるロスカットです。エントリーする直前にできた安

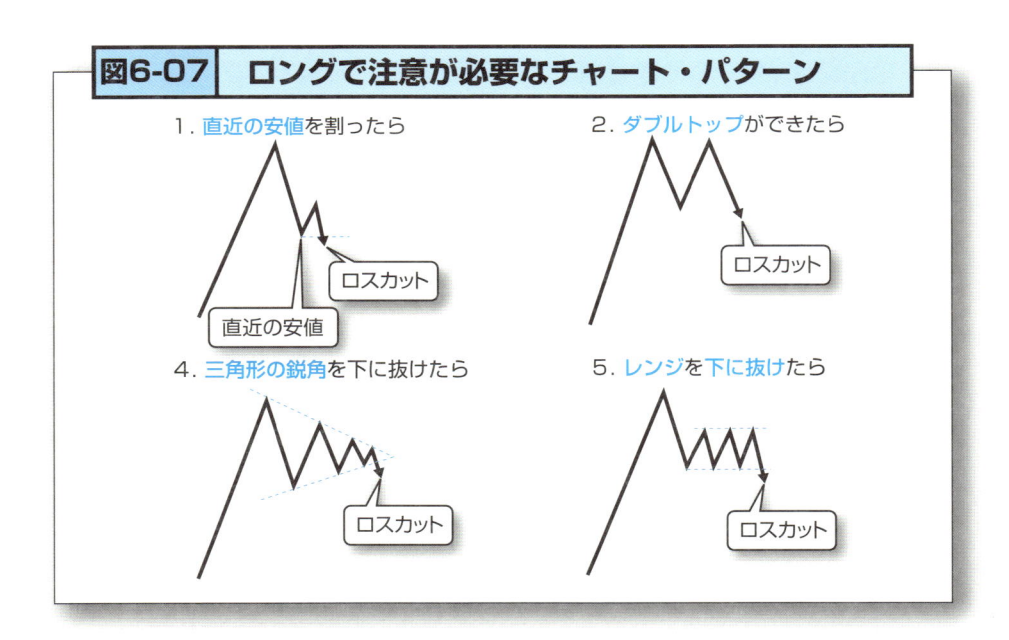

図6-07　ロングで注意が必要なチャート・パターン

1. 直近の安値を割ったら
2. ダブルトップができたら
4. 三角形の鋭角を下に抜けたら
5. レンジを下に抜けたら

値を割ったら、その時点でロスカットします（ローソク足の終値が確定するのを待たずに、レートが安値を割ったらすぐにロスカット）。

　ダブルトップやトリプルトップによるロスカットは、この手法によるスキャルピングでは少ないです。ただ、ダブルトップやトリプルトップを意識するトレーダーは多いので、このパターンができると、さらに大きく下落する確率が高くなります。注意してください。

　三角形やレンジの下抜けはけっこうあります。このパターンも意識しているトレーダーが多いのです。そのため、パターンができると、さらに下がる確率が高くなります。早めにロスカットしましょう。

ショート・ポジションの場合
１．直近の高値を抜けたら
２．タブルボトム（またはトリプルボトム）ができたら
３．三角形の鋭角を上に抜けたら
４．レンジを上に抜けたら

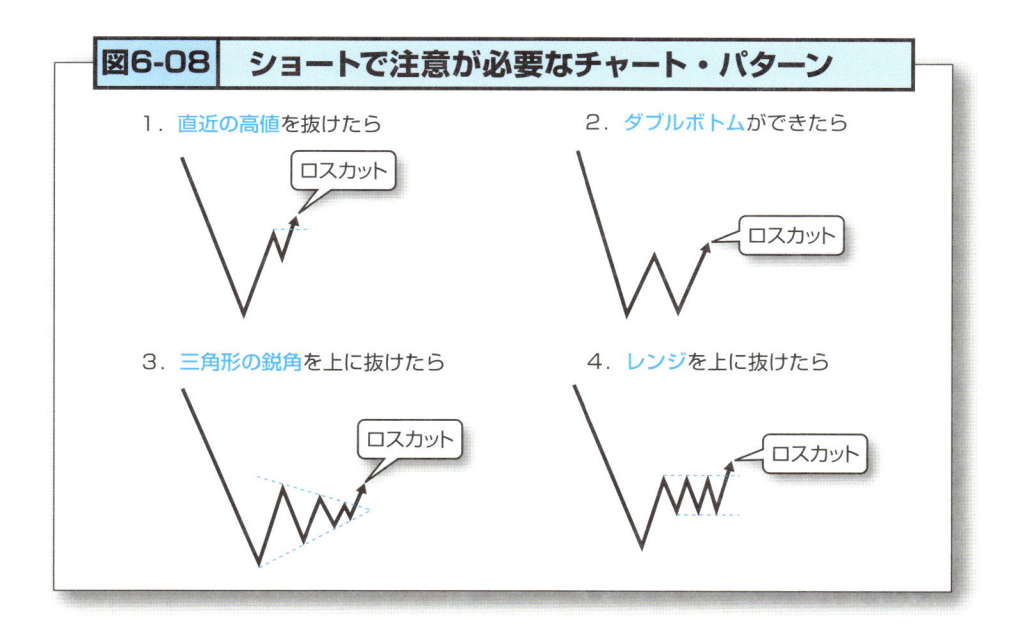

図6-08　ショートで注意が必要なチャート・パターン

１．直近の高値を抜けたら

２．ダブルボトムができたら

３．三角形の鋭角を上に抜けたら

４．レンジを上に抜けたら

ロング・ポジションの場合と同様に、基本は直近の高値を上抜けしたら、終値の確定を待たずにロスカットします。

　ダブルボトム（W型）やトリプルボトム（逆三尊）でロスカットするケースは少ないです。

　一方、三角形やレンジの上抜けでロスカットするケースは多くあります。

　以上がリスク管理についての説明です。

　ここからはロスカットについての演習問題を解いていただきますが、問題を読んだあと、なるべく早く答えるようにしてください。

　実際のトレードでは、どこでロスカットするのかということをじっくり考えている時間がないこともあります。エントリーしたあとすぐに、急騰や急落することもあります。

　「どこでロスカットしようか」と考えている間に、レートがどんどん動くので、判断の遅れが損失の拡大に繋がることもあるのです。

　だから、ロスカットのタイミングは反射的に決めます。

　チャートの形を一瞬見ただけで、「ここで（ロスカットする）」と決められるようになる必要があります。

　そういったことを頭に置きながら、問題を解いてください。

Chapter6 リスク管理力がしっかり身につく8問

Q01 1のところでショート・エントリーしました。高値でロスカットする場合はどこがよいでしょうか。

ヒント エントリー・ポイントにいちばん近い高値が基本です。

ユーロ／円　5分足チャート

A01　Aのところ。

ユーロ／円　5分足チャート

解　説

　ヒントでも述べたように、いちばん近い高値が基本です。このケースでは逆V字の真ん中のローソク足の高値であるAが、それに該当します。ここを上抜けしたらロスカットします。

　このケースでは、2まで下降したあとにいい形で戻ってきています。＋2σと－2σの間は66pips。逆V字になり下がりそうでしたが、エントリー後、すぐに上昇してしまいました。このようなことはよくあるので、必ずロスカットしましょう。

Chapter 6 リスク管理力がしっかり身につく8問

Q02 1のところでロング・エントリーしました。安値かボリンジャーバンドでロスカットする場合は、どこがよいでしょうか。

ヒント ロングの場合は、いちばん近い安値か−1σが基本です。

ユーロ／円　5分足チャート

A02　AまたはBのところ。

ユーロ／円　5分足チャート

解　説

　ヒントでも述べたように、いちばん近い安値か－1σでロスカットします。このケースではV字を形成する3本の真ん中のローソク足の安値であるA（117.445円）と－1σのB（117.467円）が、それに該当します。ここを割ったらロスカットします。

　エントリー後、レートは117.595円まで上がりませんでした。買値からの値幅が小さいので、小さな値幅を狙うスタイルでないと、利食いできないでしょう。

Q03 1のところでロング・エントリーしました。安値かボリンジャーバンドでロスカットする場合は、どこがよいでしょうか。

ヒント ロングの場合は、いちばん近い安値か−1σが基本です。

ユーロ／円　5分足チャート

A03　AまたはBのところ。

ユーロ／円　5分足チャート

解　説

　ヒントでも述べたように、ロングの場合、チャートの形によるロスカットはいちばん近い安値か、ボリンジャーバンドの－1σでのロスカットが基本です。このケースではV字の左側のローソク足の安値であるA（108.08円）と、－1σのB（108.057円）がロスカットのポイントになります。
　この2つのどちらかに決め、そこを割ったらロスカットします。

Chapter6 リスク管理力がしっかり身につく8問

Q04 1のところ(132.817円)でショート・エントリーしました。ロスカットのポイントはどこがよいでしょうか。

ヒント ショートの場合、いちばん近い高値か＋1σが基本です。

ポンド／円　5分足チャート

205

A04　AまたはBのところ。

ポンド／円　5分足チャート

解　説

　ヒントでも述べたように、ショートの場合、ロスカットはいちばん近い高値か、ボリンジャーバンドの＋1σでのロスカットが基本です。このケースではV字の中央のローソク足の高値であるA（123.958円）と、－1σのB（132.906円）がロスカットのポイントになります。

　「ロスカットしたあとにエントリーの値段まで下がってきている。ロスカットしなければよかったのでは」と思ったのなら、それは間違った考え方です。いつか大きな損失を出すことでしょう。

Chapter 6 リスク管理力がしっかり身につく8問

Q05 1のところでロング・エントリーしました。ロスカットのポイントはどこがよいでしょうか。

> **ヒント** ロングの場合はいちばん近い安値か−1σが基本です。

ユーロ／円　5分足チャート

A05　AまたはBのところ。

ユーロ／円　5分足チャート

解説

　いちばん近い安値か、－１σでロスカットします。このケースではＶ字を形成する３本の中央のローソク足の安値であるＡのラインと－１σのＢが、それに該当します。ここを割ったらロスカットします。

　結果として、Ａのラインでロスカットはありませんでした。

　しかし、ダブルトップができて上値が重くなっているので、どこかで見切りをつけたほうがいいでしょう。

Chapter6 リスク管理力がしっかり身につく8問

Q06 Aのところでロング・エントリーしました。チャート・パターンでロスカットする場合、どこがよいでしょうか。

ヒント ローソク足の高値や安値を結んでみましょう。

ポンド／円　5分足チャート

A06　Bのところ。

ポンド／円　5分足チャート

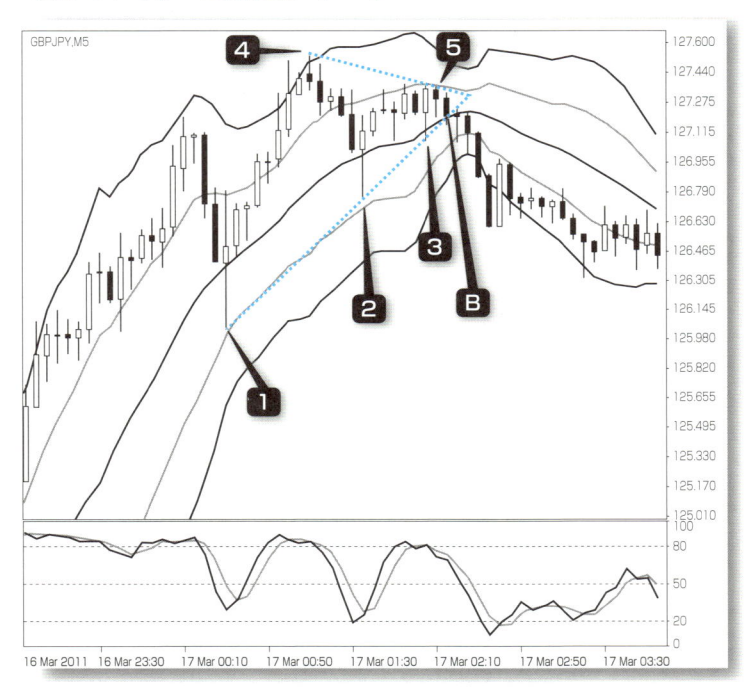

解　説

　まず、長めの下ヒゲによる安値があります。この1と2、または1～3を結びます。
　次に、4と5も結べば、三角形ができます。
　レートがこの三角形から下に抜ければ、その時点でロスカットです。つまり、1－2、または1－2－3のラインを割ったらということになります。このケースではBのところ（127.165円）です。
　4と5を結ばず、1～3のラインをサポートラインとし、そこを割ったらロスカットでもよいでしょう。

Chapter6　リスク管理力がしっかり身につく8問

Q07 Aのところでロング・エントリーしました。チャート・パターンでロスカットする場合、どこがよいでしょうか。

ヒント　狭いレンジができないか考えてみましょう。

ポンド／円　5分足チャート

A07 Bのところ。

ポンド／円　5分足チャート

解　説

　まず、Aと1を結んでラインが引きます。次に、2と3も結ぶと、狭いレンジができます。レートがこのレンジを下に抜ければ、その時点でロスカットです。このケースではBのところ（133.667円）です。もう少し下に抜けてからロスカットしてもいいでしょう。このラインはCのところでも効いています。

　また、4と6か、5と6を結んでサポートラインとし、そこを割ったらロスカットでもよいでしょう。

Chapter 6　リスク管理力がしっかり身につく8問

Q08 Aのところでロング・エントリーしました。買値は86.287円（スプレッド2銭）。チャートの形でロスカットする場合、どこがよいでしょうか。

ヒント 三角形ができないか考えてみましょう。

豪ドル／円　5分足チャート

A08 Bのところ。

豪ドル／円　5分足チャート

解　説

　まず、直近でできた安値の1と2を結んでラインが引きます。次に、直近でできた高値の3と4も結ぶと、三角形ができます。この三角形に対してレートがどのように動くかが重要になるわけです。レートがこの三角形から下に抜ければ、さらに下がる確率が高くなります。その時点でロスカットです。このケースではBのところ（86.2円）です。

　はじめは、どこに三角形ができているのか、なかなか見えてきません。慣れてくると、見えるようになります。

おわりに

　『ＦＸチャート実践帳　スキャルピング編』は、いかがだったでしょうか。
　本文で述べたとおり、ＦＸはスワップポイントによって高金利が得られるため、投資家の間で人気が出ました。
　他国の通貨と円を組み合わせた通貨ペアを持てば、ほとんどの場合、高金利を得られたのです。
　しかし、現在の相場環境はどの通貨の金利もそれほど高くありません。
　金利が低くなった分、ポジションを大きくすれば、以前と同じような金利を得ることができます。
　しかし、これも、レバレッジの規制により厳しくなりました。
　そのため、高金利が得られる通貨ペアを、高レバレッジで大きなポジションを持ちつづけ、毎日のようにたくさんの金利を得る、ということが難しくなったわけです。
　「働かなくても金が口座に流れ込んでくる仕組み」は今のところ使えません。
　現在、ＦＸで大きな利益を得るには、トレードによる差益狙いのほうがいいでしょう。とくに、スキャルピングのように資金の回転が速いトレードは、資産を劇的に増やせる可能性があります。
　もちろん、トレードは、スワップポイントのようにポジションを持っていれば誰でも確実に儲けられるというわけではありません。
　儲けるにはそれなりの技術が必要です。長い時間軸のチャートを使った方法や、読者のみなさんが考えたオリジナルの方法で、勝率が高いポイントを見つけられるようになってください。

　さて、最後になりましたが、みなさんのご健闘を祈っております。

二階堂重人

著者紹介

二階堂重人（にかいどう・しげと）

　1959年、埼玉県生まれ。専業トレーダー。サラリーマン生活のかたわら、株で「勝つための知識とテクニック」を徹底的に研究。その後、「株式投資で生計が立つ目途が明らかについた」ため、独立。テクニカル分析を駆使したデイトレードやスイングトレードが中心。株、ＦＸの双方で、月間ベースでは負けることがない驚異の勝率をたたき出している。

　また、20冊以上の投資本を出しているテクニカルトレーダーであり、主な著書に、『世界一わかりやすい！ 株価チャート実践帳〈スキャルピング編〉』（あさ出版）、『これから始める株デイトレード』（日本文芸社）、『サラリーマンが「株で稼ぐ」一番いい方法』（三笠書房）、『デイトレード 勝ち続ける人の逆張りテクニック』（すばる舎）、『儲けるデイトレ 3大ツール練習帳』（実業之日本社）などの株本、『ＦＸ 常勝の平均足トレード』『ＦＸ メタトレーダーで毎日を給料日にする！』（ともに、すばる舎）、『ＦＸ これが常勝の４大ツールだ！』（実業之日本社）などのＦＸ本、『二階堂重人の常勝トレード 黄金ルール』（実業之日本社）の投資成功法則本などがある。

世界一わかりやすい！
ＦＸチャート実践帳〈スキャルピング編〉

2011年 6月26日 第1刷発行
2012年 4月 5日 第3刷発行

（検印廃止）

著　者── 二階堂 重人（にかいどう・しげと）
発行者── 佐藤 和夫

発行所── 株式会社あさ出版
　〒171-0022 東京都豊島区南池袋2-9-9 第一池袋ホワイトビル6F
　　電　話　03（3983）3225（販売）
　　　　　　03（3983）3227（編集）
　　ＦＡＸ　03（3983）3226
　　ＵＲＬ　http://www.asa21.com
　　E-mail　info@asa21.com
　　振　替　00160-1-720619

　　印刷・製本　神谷印刷（株）
　　　　　　　　乱丁本・落丁本はお取替え致します。

facebook　http://www.facebook.com/asapublishing
twitter　　http://twitter.com/asapublishing

©Shigeto Nikaidō 2011 Printed in Japan
ISBN978-4-86063-469-8 C2034